第5コーナー

5th Corner

競馬トリビア集

有吉正徳

三賢社

ブックデザイン：西 俊章

はじめに

競馬は「永遠のマンネリ」だと思っている。

たとえば日本ダービー。毎年五月末に東京競馬場の芝二四〇〇メートルを舞台に三歳馬が出走して優勝を争う。多少の変更や中断はあったものの、基本的な枠組みは一九三二（昭和七）年に東京・目黒競馬場で第一回が始まった時から変わっていない。これを毎年繰り返してきた。

「マンネリ」という言葉は、マイナスのイメージをもって使われることがほとんどだ。けれども競馬に関しては、マンネリこそが本質だ。毎年、同じ時期に、同じ競馬場の同じ距離でレースが行われる。そうして歴史が積み重なっていく。

英国で第一回ダービーが行われたのは一七八〇年。以来、二百年以上も同じことを繰り返しながら、ホースマンたちは「速い馬」を追い求めてきた。速い馬を見いだしたら、種牡馬や繁殖牝馬にして、次の世代につなげ、さらに速い馬を求める。品種改良である。「速さ」を突き詰めるには、指標がはっきりしていた方がよい。同じ競馬場の同じ距離で走った結果を比較することは分かりやすい方法だ。競馬場という「実験室」を使い、テストが繰り返され、競走馬たちはふるいにかけられていく。

レースを繰り返すことで蓄積されたデータはサラブレッド生産の現場にフィードバックされる。優秀な子を送り出した種牡馬には種付け依頼が殺到し、人気種牡馬の種付け料は高騰する。成功すれば、さらに評判は上がる。永遠のマンネリに映る競馬だが、ひと皮めくれば、その内側では日々、壮絶でダイナミックな闘いが続けられている。

一九八二年に競馬記者になった。この年、カナダ生まれのノーザンテーストが種牡馬ランキングの一位に躍り出た。一一年続いたノーザンテースト時代はリアルシャダイ（米国産）、トニービン（アイルランド産）にとって代わられた。一九九五年からは米国の名馬サンデーサイレンスが日本の競馬を支配した。永遠に続くかと思われたサンデーサイレンスの天下も二〇〇七年に終わりを告げた。その後、アグネスタキオン、マンハッタンカフェ、キングカメハメハ、そしてディープインパクトと内国産の種牡馬が首位を守る。サラブレッドの寿命は短い。わずか四〇年足らずの間に種牡馬の勢力図が目まぐるしく変わっていくさまを目の当たりにした。それは歴史絵巻を同時体験するのに似ている。点で見ていた競馬を線で見るようになった。

二〇〇八年から日本軽種馬協会（JBBA）が発行する月刊の『JBBAニュース』に「第5コーナー～競馬余話～」の連載を始めた。当時、編集担当だった松尾圭二さんに声をかけていただいたのがきっかけだ。自由に書かせてもらっていたが、そのうち、その時々に起きた記録的な出来事について書くことにした。

できれば、あまり知られていないことを見つけたり、達成された記録を深掘りしたりして、原稿にまとめた。競馬場に「第5コーナー」は存在しない。まだ誰も触れたことのないエピソードや記録を残すことにチャレンジしてみようと、ありもしないものをコラムのタイトルにした覚えがある。休載もあったが連載は百回を超えた。

馬券を伴う競馬は、どうしても勝ち馬予想に比重が置かれがちだ。予習ばかりして復習がおろそかになる。終わったレースから何を学び、今後に結びつけるか。点で見るのではなく線で見る訓練、自分自身の復習のためだと思い、「第5コーナー」を書かせてもらってきた。

武豊騎手の真の偉大さは「種牡馬メーカー」（本書九三ページ）でご理解いただけるはずだ。二〇一三年の宝塚記念に出走した全一一頭の父馬すべてに武豊騎手は騎乗した経験を持っていた。前人未到のJRA四〇〇〇勝など記録という記録を塗り替えてきた名騎手だが、日本の競馬に与えた本当の影響力がこれほどはっきりとした形になったことはないだろう。書き留めておかなければならない事実だと感じた。

百回を超えた連載は半分以下に厳選し、春夏秋冬の四季に分類している。二〇〇八年の連載開始から時間がたち、中には古くなったものもあったため、書籍化に際し、大幅に加筆した。データは二〇二〇年五月時点のものを採用した。

それぞれの話は独立しているので、順番にこだわらず、タイトルを見て、気になったものから拾い読みしていただいてもいいと思う。読者の方に一回でも「へーっ」と言ってもらえれば、最高にうれしいです。

5th Corner
contents

第5コーナー　競馬トリビア集◉目次

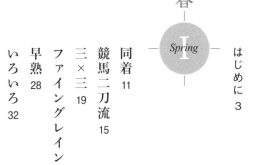

夏

II Summer

秋

III Autumn

5th Corner
contents

冬
Winter
IV

春

冬

I
Spring

夏

秋

同着

二〇一九年三月一〇日に阪神競馬場で行われた桜花賞トライアルの第五三回フィリーズレビューは一着同着となった。

優勝を分け合ったのは一二番人気のノーワン（牝三歳、栗東・笹田和秀厩舎）と三番人気のプールヴィル（牝三歳、栗東・庄野靖志厩舎）だ。二頭のうちノーワンの手綱を取っていたのは坂井瑠星騎手（二一）。デビュー四年目での重賞レース初優勝となった。地方・大井競馬に所属していた坂井英光元騎手を父に持つ二世騎手は二〇一七年から単身オーストラリアに渡り、およそ一年の間、現地に滞在。騎乗機会を手にして勝ち星も重ねた。そうした努力と経験が実った。

中央競馬の重賞レースで一着同着が記録されたのは、これが一〇度目だった。

一九五五年のクモハタ記念（廃止）でヨシフサとマサハタが同着になったのを皮切りに、一九六一年の日本経済新春杯（現日経新春杯）でタイカンとキオーガンヒカリが同時にゴールし、一九七六年の愛知杯（ハードラークとトウカンタケシバ）、一九七九年の福島記念（ファニーバードとマイエルフ）、一九八八年の阪神大賞典（タマモクロスとダイナカーペンター）、一九九七年の平安ステークス（シンコウウインディとトーヨーシアトル）、二〇〇二年の京成杯（ヤマニンセラフィムとローマンエンパイア）、二〇〇七年の阪急杯（エイシンドーバーとプリサイスマシーン）と続いた。

二〇一〇年のオークスはアパパネとサンテミリオンが優勝を分け合い、過去のクラシック、八大レースも含め、史上初めてGIレースでの一着同着が実現した。アパパネの蛯名正義騎手、サンテミリオンの横山典弘騎手がともに「負けなくてよかった」と笑顔だったのを思い出す。桜花賞を制していたアパパネは秋の秋華賞にも勝って史上三頭目の牝馬三冠を達成した。オークスの一着同着はのちに価値の出る同着だった。

二〇一九年のフィリーズレビューは、JRAが指定した五レースの一着馬をすべて当てるWIN5の対象レースで五つのレースのうちの四レース目になっていた。WIN5は二〇一一年に導入され、これまでも対象レースで一着同着はあったが、対象になった重賞レースが一着同着になったのは初めてだった。おまけにこの日のWIN5は前の週に的中者がおらず、四億六〇〇〇万円あまりがキャリーオーバーになっていた。このため、この回は売れに売れ、二三億円あまりの売り上げを記録した。ノーワンとプールヴイルが一着同着になった結果、WIN5は的中が二通りになった。

中央競馬では二〇一八年一年間で六度の一着同着が起きていた。全部で三四〇〇レースあまりあるので、おおざっぱに言って六〇〇レースに一レースほどの割合で起きている。

地方競馬では一九八六年八月二〇日の川崎競馬で珍事が起きた。三頭の一着同着だ。これは中央競馬では例がない。第一〇レースの新涼特別（ダート一六〇〇メートル）はテスコカチドキ（佐々木竹見騎手）、アーノルドフジ（桑島孝春騎手）、トランスワンスター（中地健夫騎手）が鼻面をそろえてゴールした。面白いのは四着のガーデスイチフジ（石崎隆之騎手）が三頭とハナ差だったこと。あと少しで四頭が一着同着になっていた。中央競馬では三頭が三着同着や五着同着になった例はあるが、一着同着はない。

一八七四（明治七）年にハンガリーで生まれた牝馬キンツェムは五歳まで走り、生涯五四戦五四勝というパーフェクトな成績を残した。そのキンツェムが危うく負けそうになったレースがある。一八七八年のドイツ・バーデン大賞だ。

早めに先頭に立ったキンツェムがこの日も楽勝かと思われたが、ゴール前、プリンスジャイルズという馬が猛然と追い込んできて、並んで入線。同着と判定された。当時のルールで二頭は再戦を行った。延長戦かプレーオフのようなものだ。再戦ではキンツェムが五馬身差をつけて快勝し、実力を見せつけた。

初戦で同着になったのにはいくつかの理由があったと伝えられている。ひとつは負担重量がプリンスジャイルズより六・八キロも重かったこと。二つ目はにわかに信じられない話だが、騎乗していたマッドン騎手が酒に酔っていたらしいということ。そして、もっとも説得力があるのは地元を離れてのドイツ遠征で水が変わり、ほとんど現地の水を口にしなかったため体調が本物ではなかったという説だ。

アパパネといい、キンツェムといい、もし一着同着がなければ、名馬としての価値は半減していただろう。

二〇二〇年三月一日、一着同着で珍しいことが起きた。

阪神競馬の第一レースで逃げたメイショウヒバリをゴール前でテイエムレビューが追い込み、並んでゴールした。写真判定の結果は一着同着となった。メイショウヒバリの手綱を取っていたのは新人の泉谷楓真騎手で、この日がデビュー初日。しかもこのレースがプロとしての初陣だった。中央競馬で初騎乗初勝利を記録したのは泉谷騎手が九年ぶりで四八人目だったが、同着で初騎乗初白星を飾ったのは彼が初めてだった。この勝利は本人ばかりでなく、ファンにも強烈な印象として残るだろう。

競馬二刀流

二〇一四年三月一五日に阪神競馬場で行われた第一六回阪神スプリングジャンプ（芝三九〇〇メートル）は四番人気の関東馬ケイアイドウソジン（牡八歳、美浦・田村康仁厩舎）が優勝した。前年の一一月に障害に転向してから無傷の三連勝で重賞タイトルを手にした。ケイアイドウソジンは二〇一二年二月に平地のダイヤモンドステークス（東京競馬場、芝三四〇〇メートル）でも勝利しており、平地と障害の両方でステークスウイナー（重賞勝ち馬）になった。

ケイアイドウソジンのように平地と障害の両方で重賞勝ち馬となったケースは、これが九例目だった。

古い順に過去の例を挙げてみよう。ダイニカツフジ（一九五三年朝日チャレンジカップ、五五年京都大障害・秋など二勝）、タイシユウ（一九六六年きさらぎ賞、一九六八年京都大障害・春）、ダテハクタカ（一九六九年阪神大賞典、一九七二年阪神障害ステークス・春）、メジロワース（一九九〇年マイラーズカップ、一九九〇年中京障害ステークスなど三勝）、ナムラモノノフ（一九八九年阪神大賞典、一九九一年京都大障害・春）、シンホリスキー（一九九一年スプリングステークスなど二勝、一九九四年中京障害ステークス・春）、ゴッドスピード（一九九六年小倉三歳ステークスなど二勝、一九九九年中山大障害など三勝）、カネトシガバナー（一九九八年神戸新聞杯など二勝、二〇〇一年東京ハイジャンプなど二勝）。

このうち父セフトと母・千鳥甲の間に一九五〇年に生まれたダイニカツフジ（牡）は障害で通算二四勝も挙げた名障害馬で一九五五年には今でいうＪＲＡ賞の最優秀障害馬に選ばれている。ダイニカツフジの半姉ブラウニー（父トキノチカラ）は一九四七年に桜花賞と菊花賞を制した名牝であり、半妹のヤマカブト（父クモハタ）、同じく半妹のケニイモア（父クモハタ）がともに中山大障害で優勝した「障害界の華麗なる一族」だった。

ゴッドスピードの戦績も素晴らしい。一九九六年の府中三歳ステークス（現東京スポーツ杯二歳ステークス）ではのちのダービー馬サニーブライアンらを下し、一九九九年の中山大障害を制して、この年の最優秀障害馬に選ばれている。

投手と野手。二〇一三年は、プロ野球・日本ハムのルーキー大谷翔平選手が二つのポジションをこなして、「二刀流」が脚光を浴びた。大谷選手はその後、大リーグのロサンゼルス・エンゼルスに移籍してからも二刀流を貫き、二〇一八年にはアメリカン・リーグの新人王に選ばれるほどの活躍をした。平地と障害でともに好成績を残す。ケイアイドウソジンやダイニカツフジは二刀流に成功した競走馬だといえそうだ。

ケイアイドウソジンの後にも三頭の競走馬が平地と障害の両分野で重賞タイトルに輝いた。エーシンホワイティ（二〇一〇年ファルコンステークス、二〇一四年新潟ジャンプステークス）、ソロル（二〇一四年マーチステークス、二〇一七年小倉サマージャンプ）、そしてメドウラーク（二〇一八年七夕賞、二〇一九年阪神ジャンプステークス）である。

競走馬の場合、もう一つの二刀流がある。芝とダート。材質の異なる二つの走路で活躍する馬がいる。最近ではブライトラインが二〇一二年三月にファルコンステークス

（中京、芝一四〇〇メートル）で重賞初勝利を飾り、ダート転向後五戦目の二〇一三年一一月にみやこステークス（京都、ダート一八〇〇メートル）を制した。またノーザンリバーは二〇一一年二月にアーリントンカップ（阪神、芝一六〇〇メートル）で優勝し、二〇一三年一二月にカペラステークス（中山、ダート一二〇〇メートル）で白星を飾り、ダブルタイトル獲得に成功している。

芝・ダートの両部門でGIレースを制した馬は一九八四年のグレード制導入後五頭を数える。イーグルカフェ（二〇〇〇年NHKマイルカップ、二〇〇二年ジャパンカップダート）、アグネスデジタル（二〇〇〇年マイルチャンピオンシップ、二〇〇一年南部杯、天皇賞・秋、香港カップ、二〇〇二年フェブラリーステークス、二〇〇三年安田記念）、クロフネ（二〇〇一年NHKマイルカップ、ジャパンカップダート）、アドマイヤドン（二〇〇一年朝日杯フューチュリティステークス、二〇〇二〜〇四年JBCクラシック、二〇〇三年南部杯、二〇〇四年フェブラリーステークス、帝王賞）だ。この四頭はいずれも現役引退後は種牡馬になった。

二〇二〇年のフェブラリーステークスではモズアスコットが優勝し、ダートのGIタイトルを手にした。モズアスコットは二〇一八年の安田記念で芝GIを制しており、芝・ダートの両部門で頂点に立った五頭目の競走馬となった。アドマイヤドン以外の四頭はいずれも米国産という共通点を持っている。

このうちアグネスデジタルはこれまで八頭のJRA重賞勝ち馬を送り出しており、その代表産駒はヤマニンキングリーだ。二〇〇八年一二月の中日新聞杯（中京、芝二〇〇〇メートル）で初重賞を飾ると、二〇〇九年八月の札幌記念（札幌、芝二〇〇〇メートル）ではブエナビスタにクビ差をつけて重賞二勝目を挙げた。そして二〇一一年一〇月のシリウスステークス（阪神、ダート二〇〇〇メートル）で重賞三勝目を飾るとともに初めてダート重賞をものにした。「二刀流」は、父から息子へと受け継がれたのだ。

三×三

二〇一五年三月二一日、中山競馬場で行われた三歳牝馬による重賞レース、第二九回フラワーカップは、一番人気に支持されたアルビアーノ（美浦・木村哲也厩舎）が逃げ切って優勝した。ハーランズホリデー産駒はアルビアーノを含め、この時点で、一一頭が中央競馬に登録されてレースに出走したが、これが産駒のJRA重賞初勝利となった。

一九九九年に米国で生まれたハーランズホリデーは二〇〇二年春、フロリダダービー、ブルーグラスステークスとGIレースで二連勝を飾り、勇躍ケンタッキーダービーへと向かったが、結果は七着。一番人気に応えることはできなかった。この時に優勝したウォーエンブレム、六着だったケイムホーム、八着だったヨハネスブルグと、同期の三頭が日本で種牡馬として過ごしたのはおもしろい因縁だ。

ハーランズホリデーは四歳まで現役を続け、通算二二戦九勝の成績を残した。種牡馬に転向後の二〇一二年にはブリーダーズカップ・ジュヴェナイルで産駒シャンハイボビーが優勝するなど、二歳部門で年間獲得賞金額の新記録を作るほどの大成功を収めた。残念ながら二〇一三年に死んだため、今後、産駒が増えることはない。

アルビアーノのフラワーカップはJRA重賞の産駒初勝利となったが、エスメラルディーナ（美浦・斎藤誠厩舎）が二〇一四年六月、川崎競馬場で行われた関東オークスを制しており、日本の重賞レースは二勝目だった。アルビアーノは一九九四年にJRA賞最優秀三歳牝馬（現二歳牝馬）に選ばれたヤマニンパラダイスの近親に当たる。二〇一四年三月に米フロリダで行われたファッシグ・ティプトンの二歳せりに出場し、四〇万ドルで落札された。

二〇一五年が明けて三か月がたったところで目立ったのは、ハーランズホリデーのようにJRA重賞で初勝利を挙げる種牡馬が相次いだことだった。

スクリーンヒーローはシンザン記念のグァンチャーレが初の重賞勝ちとなった。ヴァーミリアンはフェアリーステークスのノットフォーマル、アドマイヤドンは日経新春杯のアドマイヤデウス、ハービンジャーは京成杯のベルーフ、ディスクリートキャットは根岸ステークスのエアハリファ、スニッツェルはアーリントンカップのヤングマンパワーがそれぞれ父に初めてのタイトルをプレゼントした。

この中で気になったのがヴァーミリアン産駒のノットフォーマル（牝三歳、美浦・中野栄治厩舎）だ。

ヴァーミリアンは父エルコンドルパサー、母スカーレットレディとの間に生まれた。二〇〇二年生まれはディープインパクトなどと同期だ。母スカーレットレディはサンデーサイレンスの娘である。ノットフォーマルの母リミッターブレイクはマンハッタンカフェの娘で、マンハッタンカフェの父はサンデーサイレンスだ。つまりノットフォーマルは父と母の双方の祖父にサンデーサイレンスを持つサンデーサイレンスの三×三という近親交配の結果誕生した。

サンデーサイレンスの大成功を受け、国内にはサンデーサイレンスの遺伝子があふれ返っている。種牡馬にも、繁殖牝馬にも、サンデーサイレンスのＤＮＡを持っていない馬を探す方がむずかしいのが現状だ。遺伝子の偏りを不安視する向きもある。しかしノットフォーマルを見て、解決策があるのを知った。時間だ。

サンデーサイレンスが日本で種牡馬活動をしたのは一九九一年から二〇〇二年までの一二年間。直子が最後に出走したのが二〇一二年八月。サンデーサイレンスは少しずつ表舞台を離れ、競馬を脇から支える裏方さんへと変わりつつある。利根川や信濃川のような一級河川だったものが、今では地下水脈へと様変わりするようなものだろうか。

ヴァーミリアンはダイワメジャー、ダイワスカーレットなどの近親という血統。産駒の動きの良さなどから馬産地でも人気が高く、一年目の二〇一一年から二〇〇頭を超える種付けを行い、二〇一四年も一八五頭の牝馬に種付けをしている。ノットフォーマルの成功により、虚弱体質になることもあると避けられることも多い三×三の近親交配にも道筋をつけた。

もう一つ、いいこともあった。フェアリーステークスでコンビを組んだ黛弘人騎手にとってもJRA重賞初勝利だった。デビュー一〇年目の記念碑になった。

ノットフォーマルは二〇一八年まで現役生活を続け、二〇一九年に繁殖生活に入った。一年目の種付け相手はマクフィだった。二〇〇七年に英国で生まれたマクフィはフランスと英国で現役生活を送り、三歳時に日本の皐月賞に当たる英国二〇〇〇ギニーとフランスのGIジャックルマロワ賞という二つのGIレースを制した。ジャックルマロワ賞では通算GI一四勝という名牝ゴルディコヴァに二馬身半差をつける大金星を挙げた。二〇一一年から種牡馬活動を開始。これまでに産駒のうち四頭がフランスとオーストラリアでGI勝利を挙げている。

日本軽種馬協会が二〇一七年に導入し、北海道・静内種馬場で日本での種牡馬活動をスタートした。父は世界的な成功を収めているドバウィ、母デラール（母の父グリーンデザート）の血統だ。二〇二〇年に生まれてくるノットフォーマルの初子のデビューを待ちたい。

ファイングレイン

二〇〇八年三月三〇日に中京競馬場で行われたＧⅠ競走・第三八回高松宮記念は、幸英明騎手とコンビを組んだ単勝四番人気のファイングレイン（牡五歳、栗東・長浜博之厩舎）が優勝した。クビ差の二着になったのはキンシャサノキセキ（牡五歳、美浦・堀宣行厩舎）。二頭はともにフジキセキを父に持つ共通点があった。

勝ちタイムの一分七秒一（芝一二〇〇メートル）は、高松宮記念がＧⅠに昇格した一九九六年に、フラワーパークがマークした一分七秒四を一二年ぶりに更新するレース新記録となった。一二〇〇メートル戦に限れば、ファイングレインはこれで四戦四勝の負け知らずとなった。当時、中心馬不在だったスプリント界の王座に就いた。

レース後、ファイングレインの生産者であり、オーナーでもある社台ファーム・吉田照哉代表にうかがった話は興味深いものだった。

当初、うかがいたいと考えていたのは種牡馬フジキセキのことだった。フジキセキも社台ファームで生産されていた。高松宮記念で産駒が一、二着を独占した上、同時期にアラブ首長国連邦ドバイで行われたＧＩ競走ドバイシーマクラシックでもオーストラリア産のサンクラシークが優勝を果たしていた。フジキセキはシャトル種牡馬として日本とオーストラリアを往復していた。北半球と南半球。真逆の季節を生かして「二期作」を行うのがシャトル種牡馬だ。高松宮記念で二着になったキンシャサノキセキもオーストラリアで生まれ、輸入された外国産馬だった。

僕の耳に残ったのは、フジキセキのことではなく、話がファイングレインの血統に及んだ時、吉田照哉代表がもらしたひとことだった。

「母親はスタミナ血統なんだけどねえ」。愛馬がＧＩを制覇して、うれしくない生産者はいないだろう。だが、吉田照哉代表は少し戸惑うような表情を見せた。

二〇〇三年三月、ファイングレインは父フジキセキ、母ミルグレインとの間に生まれた。母のミルグレインは一九九七年に英国で生まれた。父ポリッシュプレセデント、母ミルラインという血統だ。一九九八年九月にあった競り市で、吉田照哉代表が二七万ポンド（当時のレートで約六〇〇〇万円）という高額で競り落とした。高値で取引されてもまったく不思議のないほどの良血だった。

ミルグレインの全姉ピュアグレインは一九九五年の愛オークス、ヨークシャーオークスを制した名牝だった。同年の凱旋門賞でもラムタラの五着に健闘。現役最後のレースとなったジャパンカップではランドの一〇着。来日した時の姿を覚えているファンがいるかもしれない。

ミルグレインは二〇〇〇年六月に中京競馬場でデビューし、五戦目の札幌競馬場で初勝利を挙げた。二〇〇二年一月に引退するまで、一二〇〇メートルから二〇〇〇メートルまでの芝レースばかりを走り、通算一九戦三勝。三勝はいずれも一八〇〇メートルだった。そのミルグレインが現役を引退し、フジキセキとの間に産んだ初子がファイングレインだった。ファイングレインは母のミルグレインと同じ長浜博之調教師に育てられた。

こんな血統的背景があったから、ファイングレインもデビュー戦で一二〇〇メートルを快勝して以降は一六〇〇メートルを中心に走っていた。二〇〇六年五月のGⅠ競走NHKマイルカップでロジックの二着になるなど性能の高さを見せた。ところが、このレース後に右前脚の骨折が判明、一年もの休養を余儀なくされた。

復帰後、不振が続いた。かつての輝きは失われたかに見えた。しかし京都金杯がファイングレインの運命を変えた。二〇〇八年初戦に選んだはずの京都金杯を除外され、方針転換した先が一二〇〇メートルの淀短距離ステークスだった。ファイングレインはこのレースを楽勝する。すると続くシルクロードステークスも快勝して、ついに重賞初制覇。一二〇〇メートルという新しい活躍の舞台を見つけ出した。

競馬は不思議だ。フジキセキとミルグレインという配合を考えた時、吉田代表の頭の中にスプリンターの誕生はイメージになかったはずだ。が、色々な偶然が重なって、一流スプリンターの誕生を見ることができた。

もし吉田照哉代表や長浜博之調教師が頭の固い血統論者だったら、スプリント戦への方針転換はできなかっただろう。欧州中距離でトップクラスの実績を残した母系にこだわっていれば、スプリンターとしての片鱗を見逃したかもしれない。幸い関係者には、あるものをあるがままに受け入れる懐の深さがあった。

早熟

日本時間の二〇一八年四月一日、海の向こうとこちら側で二頭の四歳馬が明暗を分けた。

前年の日本ダービー優勝馬レイデオロ（牡四歳、美浦・藤沢和雄厩舎）はアラブ首長国連邦ドバイのメイダン競馬場で行われたドバイシーマクラシック（GI、芝二四一〇メートル）に出走し、四着に終わった。レースは地元ドバイのホークビルが先手を奪って、スローペースの流れとなり、そのままホークビルが先頭でゴールインした。レイデオロは日本調教馬の中では最先着したものの、展開に恵まれず、本来の力を出せずじまいだった。

レイデオロには、日本ダービー馬史上初の海外GI勝利という快挙を期待していた。だが、今回も宿題は宿題のまま残された。翌二〇一九年もアラブ首長国連邦に渡り、再びドバイシーマクラシックに挑んだが、六着に終わり、再挑戦でも悲願はかなわなかった。

史上初めて海を渡ったダービー馬はハクチカラである。一九五六年にダービーを制したハクチカラは五歳になった一九五八年に米国に渡った。五戦目までは日本から一緒に米国入りした保田隆芳騎手が手綱を取ってレースに挑んだが、慣れない環境に戸惑ったのか、二度最下位になるなど苦戦した。翌一九五九年も米国に残ったハクチカラは二月二三日、サンタアニタパーク競馬場でワシントンバースデイハンデに出走し、ついに優勝した。渡米一一戦目の快挙だった。まだグレード制は導入されていなかったが、ワシントンバースデイハンデは、GⅠ級とはいえなかった。余談だが、このワシントンバースデイハンデの動画を僕はたまたま見ることができた。東京競馬場内にある競馬博物館の二階に名馬の紹介ビデオを選んで見るコーナーがあり、ハクチカラを選んだところ、歴史的レースのスタートからゴールまでが流れた。貴重な映像だ。

ハクチカラは四歳時の一九五七年に天皇賞・秋と有馬記念で優勝を飾っているが、どちらのレースも単勝の払い戻しは一〇〇円。いわゆる元返しというもので、ハクチカラが当時いかに図抜けた実力の持ち主だったかがうかがえる。それほどの名馬だから米国でも勝利を飾ることができたのだろう。

日本ダービー馬はハクチカラ以降も海外遠征を繰り返した。シンボリルドルフ（一九八四年優勝)、シリウスシンボリ(一九八五年)、ディープインパクト(二〇〇五年)、メイショウサムソン(二〇〇六年)、ウオッカ(二〇〇七年)。エイシンフラッシュ(二〇一〇年)以降はオルフェーヴル(二〇一一年)、ディープブリランテ(二〇一二年)、キズナ(二〇一三年)、ワンアンドオンリー(二〇一四年)、ドゥラメンテ(二〇一五年)、マカヒキ(二〇一六年)、レイデオロ(二〇一七年)と連続して八頭の日本ダービー馬が海を渡った。

ゴール寸前でソレミアに差された二〇一二年仏・凱旋門賞のオルフェーヴルや、蹄鉄が一つない状態で二着になったドバイシーマクラシックのドゥラメンテなど勝ちに等しい内容のレースもあった。日本ダービーというビッグタイトルに甘んじることなく、果敢に世界へ挑んでいる姿勢は尊敬に値するが、まだ海外GI制覇という夢には届いていない。

レイデオロがドバイで敗れた数時間後、阪神競馬場ではスワーヴリチャード(牡四歳、栗東・庄野靖志厩舎)が大阪杯を制し、初のGIタイトルを手にした。前年のダービーではレイデオロの後塵を拝し、四分の三馬身差の二着に終わっていた。

夏を休養に充てたスワーヴリチャードは復帰初戦のアルゼンチン共和国杯を快勝する

と、有馬記念で四着となり、年明けの金鯱賞で通算四勝目を挙げた。そして迎えた大阪杯で見事に栄冠をつかんだ。

ダービー二着馬はその悔しさをバネにするかのように頑張る。

一九九〇年以降のダービー馬とダービー二着馬の成績を調べると、その傾向は明らかだ。二〇一九年末までの期間、ダービーの後にGIレースを勝ったダービー馬はトウカイテイオー、ナリタブライアン、スペシャルウィーク、ジャングルポケット、ディープインパクト、メイショウサムソン、ウオッカ、エイシンフラッシュ、オルフェーヴル、レイデオロの一〇頭なのに対し、ダービー二着馬はメジロライアン、レオダーバン、ライスシャワー、ビワハヤヒデ、ジェニュイン、ダンスインザダーク、シルクジャスティス、ナリタトップロード、エアシャカール、ダンツフレーム、シンボリクリスエス、ゼンノロブロイ、ハーツクライ、アサクサキングス、ローズキングダム、フェノーメノ、エピファネイア、サトノダイヤモンド、そしてスワーヴリチャードと一九頭を数える。勝利数もダービー馬の二五勝に対し、三一勝とダービー二着馬の方が上回る。

ヒトならば「ダービー」というタイトルの重みに押しつぶされ、不振に陥ることも考えられるが、競走馬でも同じなのだろうか。僕個人の考えでは、三歳五月の時点の一着と二着の差は成長度の差だと思っている。ダービーを勝つためにはライバルよりも早熟であることが必要なのだろう。若い段階で完成度が高くなければ、ダービーで優勝することなど無理なのだ。そうでなければ、ダービー馬がいまだに海外GⅠを勝っていないことをうまく説明することはできない。

いろいろ

二〇一五年四月五日に中山競馬場であった伏竜ステークスは「カラフル」なレースになった。なぜカラフルなのか。出馬表を再現してみよう。

①アンヴァアリッド（栗毛）
②タケルオウジ（芦毛）

③クロスクリーガー（鹿毛）
④カラパナビーチ（黒鹿毛）
⑤タンジブル（栗毛）
⑥ブチコ（白毛）
⑦マイネルオフィール（鹿毛）
⑧ホワイトフーガ（芦毛）
⑨マイネルシュバリエ（鹿毛）
⑩カフジテイク（青鹿毛）
⑪リアファル（鹿毛）
⑫ノースランドボーイ（青毛）
⑬ペプチドウォヘッド（鹿毛）
⑭ノンコノユメ（栃栗毛）

ご覧のように、栗毛（代表産駒オルフェーヴル）、栃栗毛（サクラローレル）、鹿毛（ジェンティルドンナ）、黒鹿毛（ブエナビスタ）、青鹿毛（フェノーメノ）、青毛（ドリームバレンチノ）、芦毛（ゴールドシップ）、白毛（ユキチャン）とサラブレッドの毛色八種類がすべてそろったのである。この珍記録は白毛のブチコが出走したから達成されたといえる。伏竜ステークスの中山競馬場のパドックは、さながらサラブレッドの見本市のようだったはずだ。

この時点で中央競馬に所属する七二七八頭を毛色別に分類してみた。もっとも頭数が多いのは鹿毛。半分近い四一・八％の三〇四五頭を数える。以下一七二六頭（二三・七％）の栗毛、一四二〇頭（一九・五％）の黒鹿毛、五三五頭（七・四％）の青鹿毛、四二八頭（五・九％）の芦毛と続き、九一頭（一・三％）の青毛、三〇頭（〇・四％）の栃栗毛となるとぐっと数が減る。そして白毛はマーブルケーキ、ユキンコ、ブチコとたったの三頭しかいない。

この伏竜ステークスのように全部の毛色の馬が出走したレースは二〇一二年一二月八日にもあった。中山競馬第二レースの二歳未勝利戦だった。このレースにはブチコの姉で、同じく白毛のブラマンジェが出走していた。やはり全部の毛色がそろうためには白毛の存在が欠かせない。

日本で初めて白毛と認められたのは一九七九年生まれのハクタイユーだった。父ロングエース（黒鹿毛）と母ホマレブル（栗毛）の間に生まれた。中央競馬で四戦したが未勝利のまま引退した。

一九九六年に生まれたシラユキヒメは白毛馬の基礎牝馬になった。父サンデーサイレンス（青鹿毛）と母ウェイブウインド（鹿毛）との間に誕生したシラユキヒメもやはり白毛だった。中央競馬で九戦し、一度三着になった以外は着外に終わった。

繁殖牝馬になったシラユキヒメはこれまでブチコを含め一〇頭の子どもを産み、このうち九頭が白毛だ。

二〇〇三年生まれのシロクンは父ブラックホーク（鹿毛）、二〇〇四年生まれのホワイトベッセルは父クロフネ（芦毛）、二〇一一年生まれのマーブルケーキと二〇一二年生まれのブチコは父キングカメハメハ（鹿毛）だ。このように父親が違っても、毛色は母の白毛を受け継いでいる。

この白毛兄弟のうち、もっとも活躍したのが三番子のユキチャン（父クロフネ）だった。中央競馬でデビューし、二〇〇八年、デビュー五戦目には交流重賞の関東オークス（川崎競馬場）に出走して優勝した。その後、地方競馬に移籍し、クイーン賞（船橋競馬場）とＴＣＫ女王盃（大井競馬場）と重賞二連勝するなど白毛という話題性だけではなく、実力で注目を集める存在になった。

シラユキヒメが二〇〇九年に産んだマシュマロ（父クロフネ）は現役時代に一二戦二勝の成績を残し、二〇一四年から繁殖牝馬となった。一年目は残念ながら不受胎だったが、翌二〇一五年にキングカメハメハとの交配に成功。翌二〇一六年に白毛の牡馬を出産した。

ハヤヤッコと命名されたキングカメハメハ産駒はデビュー二戦目の芝レースで初白星を挙げた。だが、真価を発揮したのは、ダートに転向してからだった。転向後四戦目で自身の二勝目を挙げると、二〇一九年八月四日には新潟競馬場で行われた第一一回レパードステークスに出走した。上位陣とは実績の差があり、一五頭立ての一〇番人気と前評判は高くなかった。レースは六番ゲートからのスタート。前半は後方を進んだ。三コーナーでもまだ一三番手という位置取りだったが、最後の直線に向かうと、末脚に点火。一完歩ごとに前との差を詰め、最後は一番人気のデルマルーヴルをクビ差捉えて、先頭でゴールインした。

これが中央競馬史上初めての白毛馬による重賞制覇の瞬間だった。国内初の白毛馬ハクタイユーが誕生したのが一九七九年。それから四〇年、ついに白毛馬がＪＲＡの重賞制覇するところまで進化した。レパードステークスから五日後、ハヤヤッコの父でJRAのリーディングサイアーにもなったことのあるキングカメハメハが一八歳の生涯を閉じた。ハヤヤッコの勝利は生前の父の産駒の最後の重賞制覇ともなった。

三強

二〇一六年のクラシックレース開幕戦、第七六回桜花賞は「三強の争い」といわれていた。

一番人気はここまで五戦四勝のメジャーエンブレム（牝三歳、美浦・田村康仁厩舎）。オッズは一・五倍だった。二番人気は三戦三勝のシンハライト（牝三歳、栗東・石坂正厩舎）。前哨戦のチューリップ賞を制して桜花賞に臨んでいた。単勝オッズは四・九倍。そして単勝オッズ五・〇倍の三番人気はジュエラー（牝三歳、栗東・藤岡健一厩舎）だった。チューリップ賞ではシンハライトとハナ差の勝負を演じ、二着になって優先出走権を獲得していた。

結果は三番人気のジュエラーが優勝、二番人気のシンハライトが続き、一番人気のメジャーエンブレムは四着に終わった。三強が上位を独占し、並び立つことはなかった。

一週間後に行われた第七六回皐月賞もまた三強対決になった。

一番人気に支持されたのは三戦全勝のきさらぎ賞優勝馬サトノダイヤモンド（牡三歳、栗東・池江泰寿厩舎）で単勝オッズは二・七倍。二番人気はリオンディーズ（牡三歳、栗東・角居勝彦厩舎）。前年の朝日杯フューチュリティステークスを制して二歳王者に輝いた。オッズは二・八倍だった。三番人気はマカヒキ（牡三歳、栗東・友道康夫厩舎）。三戦三勝の弥生賞優勝馬でオッズは三・七倍だった。

こちらも三強は並び立たず、八番人気のディーマジェスティ（牡三歳、美浦・二ノ宮敬宇厩舎）が優勝し、マカヒキが二着、サトノダイヤモンドが三着。リオンディーズは四位で入線したが五位入線のエアスピネルの走行を妨害したとして五着に降着となった。

桜花賞と皐月賞。「三強対決」とひとくくりにしたが、それぞれを分析してみるとその中身はまったく違う。

桜花賞では一番人気のメジャーエンブレムの単勝支持率は五二・七％にも達した。二番人気のシンハライトは一六・二％、三番人気のジュエラーは一五・八％の支持率だった。三頭の単勝支持率を合計すれば八〇％を超えるが、実質は「三強」ではなく、メジャーエンブレム一強プラス二という構図だった。

その点、皐月賞は「三強」と呼ぶにふさわしい人気の分布を見せていた。単勝支持率はサトノダイヤモンドが二九・一％、リオンディーズが二八・一％、マカヒキが二一・三％だった。

一九九〇年以降の中央競馬で三番人気の単勝オッズが三・九倍以下になるような平地のＧＩレースは二〇一六年の皐月賞まで六レースを数えた。古い順に列挙すると一九九七年宝塚記念、二〇〇二年天皇賞・春、二〇〇七年秋華賞、二〇一三年宝塚記念、二〇一五年チャンピオンズカップ、そして二〇一六年の皐月賞となる。その後、二〇二〇年の皐月賞が加わった。

このうち人気の上位三頭がレースでも上位を独占したのは、わずかに一回だけだ。二〇〇二年の天皇賞・春は二番人気（単勝オッズ二・九倍）のマンハッタンカフェが優勝し、三番人気（同三・五倍）のジャングルポケットが二着、一番人気（同二・七倍）のナリタトップロードが三着という結果になった。当時はまだ三連複の発売がされていなかった。複勝は一着から順に一二〇円、一一〇円、一〇〇円という払い戻しだった。

調査の対象をGⅡにまで広げたところ、「究極の三強対決」が見つかった。二〇〇〇年三月一九日に阪神競馬場で行われた第四八回阪神大賞典である。

優勝は一番人気（単勝オッズ二・〇倍）のテイエムオペラオーで、二着は二番人気（同二・六倍）のラスカルスズカ。そして三着は三番人気（同二・九倍）のナリタトップロードという決着だった。九頭立てで行われたレースで四番人気で八着だったメジロロンザンの単勝オッズは六五・五倍だった。テイエムオペラオーとラスカルスズカとナリタトップロードの単勝の売上合計は全体の九六％を超えた。当然のように複勝は三頭とも一〇〇円戻し。ワイドも的中した三点とも一〇〇円戻しだった。これこそが前評判と結果が結びついた「究極の三強対決」といえそうだ。

この三頭はそろって天皇賞・春に向かった。結果はテイエムオペラオーが優勝し、ラスカルスズカが二着、ナリタトップロードが三着と阪神大賞典を再現するものになった。ただし天皇賞・春ではテイエムオペラオーの単勝支持率が四七％に達し、二番人気になったナリタトップロードと三番人気のラスカルスズカが追いかけるような様相を呈した。

また四番人気のステイゴールドの単勝オッズも一一・七倍と落ち着き、阪神大賞典のような「三強絶対」の構図にはならなかった。

二〇一六年の三冠戦線に話を戻す。皐月賞を終え、サトノダイヤモンド、リオンディーズ、マカヒキの三強は、それまでの追われる立場から、ディーマジェスティを追う形に変わり、第八三回ダービーを迎えた。

一番人気は皐月賞馬のディーマジェスティで単勝オッズは三・五倍。三・八倍のサトノダイヤモンドが二番人気で続き、三番人気はマカヒキで単勝オッズは四・〇倍。リオンディーズは三強の一角からこぼれ落ち、五・五倍の四番人気に甘んじた。

レースはゴール前、マカヒキとサトノダイヤモンドのマッチレースとなり、ハナ差でマカヒキが優勝し、川田将雅騎手が初のダービー制覇を果たした。ディーマジェスティは三着、リオンディーズは五着という結果になった。皐月賞では「三強」だった構図はディーマジェスティが加わって「四強」という形になった。

しかし、この日本ダービー以降、四強が顔をそろえることはなかった。リオンディーズは脚を痛め、ダービーを最後に現役を引退した。マカヒキは凱旋門賞を目指して、三歳の秋にフランス遠征をするなど日本を離れた時期があった。サトノダイヤモンドは菊花賞を制し、その勢いで有馬記念でも一着になった。ディーマジェスティは秋初戦のセントライト記念を制したものの、その後は波になることができず、四歳春の天皇賞を最後に現役を引退した。

孫

新型コロナウイルスの感染拡大を防止するため、中央競馬は二〇二〇年二月二九日から無観客で開催を続けた。無観客が始まって七週目の四月一二日、阪神競馬場で第八〇回桜花賞が行われた。

栄冠をつかんだのはデアリングタクト（牝三歳、栗東・杉山晴紀厩舎）だった。最後の直線で一完歩ごとに先行するレシステンシアとの差を詰め、一馬身半抜け出したところがゴールだった。

それは二頭の祖母の雪辱を果たす鮮やかな勝利だった。

デアリングタクトは父エピファネイア、母デアリングバードという血統の持ち主だ。エピファネイアの母はシーザリオ。デアリングバードの母はデアリングハート。デアリングタクトの「おばあちゃん」であるシーザリオとデアリングハートの二頭はともに二〇〇二年生まれ。二〇〇五年の桜花賞を一緒に戦った同期だった。

その桜花賞ではシーザリオが二着、デアリングハートが三着だった。勝ったラインクラフトとはアタマ、クビというわずかな差だった。桜花賞で涙をのんだ二頭が繁殖牝馬になり、力を合わせて送り出したのが孫に当たるデアリングタクトだったのだ。血統ファンならずとも、うなってしまうような因縁だろう。

不思議な巡り合わせはさらに続く。一五年前、祖母二頭の前に立ちはだかったラインクラフトのゼッケンは一七番だった。今回、デアリングタクトが最後の最後に捉えたレシステンシアのゼッケンも一七番だったのである。しかもデアリングタクトが身にまとっていたゼッケンは祖母デアリングハートと同じ九番だった。こんなおとぎ話のようなドラマがあるだろうか。

デアリングタクトは二〇一九年一一月一六日に京都競馬場でデビュー勝ちを収めた。

二歳時はこの一戦だけで休養し、年明けの二月八日にエルフィンステークス（京都、芝一六〇〇メートル）を勝って、桜花賞に臨んでいた。三戦目での桜花賞制覇は一九四八年のハマカゼ、一九八〇年のハギノトップレディと並ぶ戦後最少キャリアだ。

無敗の桜花賞馬はブランドソール（一九四一年）、ミスオンワード（一九五七年）、ブロケード（一九八一年）、アグネスフローラ（一九九〇年）、シスタートウショウ（一九九一年）、ダンスインザムード（二〇〇四年）に次ぐ一六年ぶり史上七頭目となり、現三歳馬が初年度産駒となる父エピファネイアにとっては、ＪＲＡの初重賞制覇がＧⅠ勝利ということになった。

さらにはセレクトセール出身馬として初めての桜花賞制覇になった。

二〇一七年に当歳（〇歳）セールに出場したデアリングタクトだったが、この時は買い手がつかず、主取りに終わった。翌二〇一八年に一歳セールに再挑戦し、一二〇〇万円（税抜）でノルマンディーファームが落札した。

これでセレクトセール出身馬は五つのクラシックレースと旧八大競走の完全制覇を達成した。デアリングタクトの優勝は記録ずくめの優勝となった。

桜花賞の後、デアリングタクトはオークスに向かった。単勝一・六倍の一番人気に支持されたデアリングタクトは序盤こそポジション取りに苦労したが、最後の直線では手応え十分に馬群をさばき、上がり三ハロン三三秒一というメンバー中最速の末脚で先頭に躍り出た。四戦四勝。無敗での桜花賞、オークス制覇はミスオンワード以来六三年ぶり史上二頭目の快挙だった。父方の祖母シーザリオもオークスで優勝しており、祖母に次ぐタイトルとなった。

改めてデアリングタクトの血統表を見てみよう。

父エピファネイアの母シーザリオはスペシャルウィークの娘で、スペシャルウィークの父はサンデーサイレンスだ。母方の祖母デアリングハートはサンデーサイレンスの娘だ。つまり父方の四代前と母方の三代前にサンデーサイレンスの遺伝子を持つ。いわゆる「四×三」のインブリード（近親交配）だ。近年のＪＲＡのＧⅠ馬の血統を調べてみたが、「サンデーサイレンスの四×三」というインブリードを持つ馬は見当たらなかった。デアリングタクトは初めての例になった。

「奇跡の血量」という言葉がある。三代目と四代目に同じ祖先を持つと、体内に占める同一祖先の血量は一八・七五％になる。一九六〇年のダービー馬コダマが「ブランドフォードの四×三」、一九七六年の皐月賞馬トウショウボーイが「ハイペリオンの三×

四（父方の三代前と母方の四代前）」、二〇一一年の三冠馬オルフェーヴルが「ノーザンテーストの四×三」のインブリードを持つことなどから、競馬界で「一八・七五％」の数字は特別の響きを持つようになった。

サンデーサイレンスが来日して、種付けを開始したのは一九九一年。四年後の一九九五年には初めてリーディングサイアーに輝いた。二〇〇二年に死んだ後もトップの座を守り続けた。

母の父（ブルードメアサイアー）としても影響力を及ぼし、二〇〇七年からはリーディングブルードメアサイアーになり、二〇一九年まで一三年連続で首位の座に居続ける。こちらもリーディングサイアーの連続記録と並ぶ一三年になった。これ以上ない影響を日本のサラブレッド生産界に残してきたサンデーサイレンスのひとつの結晶がデアリングタクトだ。

辛抱

二〇一八年四月二九日に京都競馬場の芝三二〇〇メートルで行われた第一五七回天皇賞・春は、二番人気のレインボーライン（牡五歳、栗東・浅見秀一厩舎）が優勝、挑戦一〇度目で念願のGIタイトルを手にした。

挑戦一〇度目でのGI制覇というのは、カンパニーの一三戦目（二〇〇九年天皇賞・秋）、キングヘイローの一一戦目（二〇〇〇年高松宮記念）に次いでハーツクライ（二〇〇五年有馬記念）と並ぶ史上三番目のスロー出世という記録だった。あきらめずにチャレンジしてきたことが結果的に吉と出た。

父親のステイゴールドもJRAのGIレースは一九戦して勝てなかったが、引退レースとなった香港ヴァーズでついにGI優勝を果たした。レインボーラインが遠回りして頂点にたどり着いた点はどこか父のステイゴールドに似ている。

ところがレインボーラインは天皇賞のレース直後、右前脚を痛め、岩田康誠騎手が下馬して馬運車で運ばれた。このため表彰式に出ることはできなかった。診断の結果は右前肢跛行《はこう》。命にかかわるような大けがでなかったのは不幸中の幸いだったが、結局、このけがが原因で、そのまま現役を引退することになった。

天皇賞・春に挑む前、レインボーラインは阪神大賞典（阪神競馬場・芝三〇〇〇メートル）で優勝していた。この勝利は実に二年一か月ぶりの白星だった。阪神大賞典はレインボーラインにとっての通算四勝目だったが、通算三勝目が二〇一六年二月のアーリントンカップ（阪神・芝一六〇〇メートル）である。

レインボーラインは一六〇〇メートルと三二〇〇メートル、距離が倍も違う二つの重賞レースを勝ったことになる。こんなに守備範囲の広い馬が過去にいただろうか。一九八四年のグレード制導入以降の記録を調べてみたが、ほかには一頭も見つけることができなかった。レインボーラインは稀有な存在だ。

芝一六〇〇メートルはサラブレッドの能力を正確に計ることができる根幹距離とされる。桜花賞や安田記念、朝日杯フューチュリティステークス、フェブラリーステークスなどJRAのGIレースも芝・ダート合わせて八レースがマイル戦であり、「馬の能力を把握する意味で新馬戦はマイル戦を選ぶ」と口にする調教師に会ったこともある。

レインボーラインが勝ったアーリントンカップは一九九二年に創設された。基本的に阪神競馬場の芝一六〇〇メートルを舞台にするが、阪神競馬場の改修などの理由で、これまで中京と京都で一回ずつ行われたことがある。

アーリントンカップは「出世レース」として知られている。出走馬からのちのＧＩ馬が多数誕生しているからだ。

ＧＩ優勝順に馬名を挙げる。マイネルラヴ（一九九八年スプリンターズステークス）、ダイタクヤマト（二〇〇〇年スプリンターズステークス）、タニノギムレット（二〇〇二年ダービー）、ダンツフレーム（二〇〇二年宝塚記念）、ウインクリューガー（二〇〇三年ＮＨＫマイルカップ）、ロジック（二〇〇六年ＮＨＫマイルカップ）、ディープスカイ（二〇〇八年ＮＨＫマイルカップ、ダービー）、ローレルゲレイロ（二〇〇九年高松宮記念、スプリンターズステークス）、キンシャサノキセキ（二〇一〇、二〇一一年高松宮記念）、エーシンフォワード（二〇一〇年マイルチャンピオンシップ）、ジャスタウェイ（二〇一三年天皇賞・秋、二〇一四年安田記念）、コパノリチャード（二〇一四年高松宮記念）、ミッキーアイル（二〇一四年ＮＨＫマイルカップ、二〇一六年マイルチャンピオンシップ）、ラブリーデイ（二〇一五年宝塚記念、天皇賞・秋）、ペルシアンナイト（二〇一七年マイルチャンピオンシップ）、そしてレインボーラインとなる。

ダービー馬二頭を含め「アーリントンカップ出身馬」のうち一六頭がGI馬になり、計二二勝も挙げている。この馬たちは必ずしもアーリントンカップの優勝馬ではない。キンシャサノキセキは六着、ラブリーデイは五着だった。三歳二月の最終週、あるいは三月の第一週に行われる重賞レースに出走できるレベルにあることが大切なのかもしれない。

そのアーリントンカップが二〇一八年様変わりした。NHKマイルカップのトライアルレースになり、三着以内に入れば、NHKマイルカップへの優先出走権が与えられることに変更された。この変更とともに開催時期が約一か月半後ろにずれた。

この変更が出走馬の今後にどう影響するのか。しばらく様子を見なければならないが、二〇一八年の出走馬からは一着のタワーオブロンドンが四歳秋にスプリンターズステークスを制してGIタイトルを手にし、四着だったインディチャンプは二〇一九年に安田記念とマイルチャンピオンシップと二つのGIで優勝し、JRA賞の最優秀短距離馬に輝いた。開催時期が変わっても、アーリントンカップが出世レースであることは変わりないようだ。

そもそもアーリントンカップの前身はペガサスステークスというレースだった。三月上旬に阪神競馬場の芝一六〇〇メートルを舞台に行われていた。一九八七年から中京競馬場の芝一七〇〇メートルで行われた一九九一年まで、わずか五年の開催で廃止になった寿命の短い重賞だった。しかし、この短い歴史の中からもオグリキャップ（有馬記念などGI四勝）、シャダイカグラ（桜花賞）という二頭のGI馬を送り出している。ペガサスステークスからアーリントンカップになっても、将来の名馬の宝庫になっている伝統は受け継がれている。

究極の内国産

NHKマイルカップは、かつて「マル外ダービー」と呼ばれた。この世界で、俗に「マル外」と呼ばれる外国産馬が大活躍したからだ。

一九九六年の第一回は象徴的だった。優勝したのは米国生まれのタイキフォーチュン

（牡三歳、美浦・高橋祥泰厩舎）。二着は英国産のツクバシンフォニーで、三着も英国生まれのゼネラリスト。以下ヤシマキャプテン（USA）、スギノハヤカゼ（USA）、ヒシナタリー（USA）、セイントリファール（USA）、エイシンガイモン（USA）と上位八着までを、外国産馬が独占した。

一八頭の出走馬の中で内国産馬は四頭しかおらず、このうち、最も人気のあったバンブーピノが単勝八番人気。ほかは一六、一七、一八番人気だったから驚くような結果ではなかった。

「マル外ダービー」だったNHKマイルカップが、様相を変え始めたのは二〇〇一年からだ。この年、日本ダービーが外国産馬に向けて開放された。

二〇〇一年は米国産のクロフネが優勝、二着にも米国産のグラスエイコウオーが入り、上位を占めたものの、出走した外国産馬は一八頭中四頭に過ぎなかった。翌二〇〇二年から内国産馬の優勝が続く。テレグノシス、ウインクリューガー、キングカメハメハ、ラインクラフト、ロジック、ピンクカメオ、ディープスカイ、ジョーカプチーノ、ダノンシャンティ、グランプリボス、カレンブラックヒルと二〇一二年まで一一連覇を飾った。そして二〇一三年、一二連覇を達成し、頂点に立ったのは究極の内国産馬マイネルホウオウだった。

なにが究極なのか。

マイネルホウオウの母系をさかのぼってみると、それが理解されると思う。母は二〇〇二年生まれのテンザンローズだ。その母はコウエイシャダイ（一九九四年）で、その先はポイントゲッター（一九八〇年）と続き、トサハヤテ（一九六八年）、ミスフロント（一九五五年）、キミノハナ（一九五〇年）、鶴池（一九三五年）、華時（一九二四年）、ヘロイン（一九一九年）、第四ヘレンサーフ（一九一一年）とつながり、ヘレンサーフ（一九〇三年）にたどり着く。

英国生まれのヘレンサーフを輸入したのは岩手県にある小岩井農場である。小岩井農場と聞くと、チーズやバターなどの乳製品で知られているが、かつてはサラブレッドの生産で日本を牽引した。一九四一年に国内初の三冠馬になったセントライトは小岩井農場の生産馬だ。

そんな小岩井農場が一九〇七（明治四〇）年、英国から一度に二〇頭もの繁殖牝馬を輸入した。この中の一頭がヘレンサーフだった。日露戦争が終わって間もない頃に日本に持ち込まれた血統が一〇〇年以上たった現在も脈々と生き続け、ＧＩレースという最前線でトップに立っていることのすごさは、ただただ驚くばかりだ。

ヘレンサーフの子孫から菊花賞馬アカネテンリュウや宝塚記念を制したオサイチジョージ、GI三勝のヒシミラクルなどが誕生している。この栄光のメンバーにマイネルホウオウも加わった。

改めて調べてみると、小岩井農場が一九〇七年に輸入した二〇頭の繁殖牝馬は粒ぞろいだった。現在まで、日本の競馬界に果たした貢献度は素晴らしい。

ビューチフルドリーマーからはのちにカブトヤマ、シンザン、タケホープというダービー馬が出現。フロリースカップはコダマ、カツラノハイセイコ、スペシャルウィーク、ウオッカ、メイショウサムソンと五頭のダービー馬の祖先になった。アストニシメントはメジロデュレン、メジロマックイーンのGI兄弟につながった。

マイネルホウオウほどではないが、GIレース六勝を挙げたゴールドシップの牝系も古い。そのルーツをたどっていくと、一九三一（昭和六）年に千葉県にあった下総御料牧場が米国から輸入した繁殖牝馬・星旗に行き着く。

星旗（一九二四年生まれ）は月城（一九三二年）、梅城（一九四五年）、風玲（一九五九年）、アイアンルビー（一九七二年）、トクノエイティー（一九七八年）、パストラリズム（一九八七年）と牝系を伸ばし、ゴールドシップの母ポイントフラッグ（一九九八年）へとつながったのだ。

古くからの牝系にスズカフェニックスが配合され、マイネルホウオウが誕生する。ステイゴールドが種付けされて、ゴールドシップが生まれる。この壮大な血統のドラマは競馬でしか味わえない醍醐味だろう。

マイネルホウオウ以降も内国産が勝ち続けた。二〇一四年からミッキーアイル、クラリティスカイ、メジャーエンブレム、アエロリット、ケイアイノーテック、アドマイヤマーズ、ラウダシオンと七連勝。二〇〇二年から二〇二〇年まで、合わせて一九連勝となった。

ＮＨＫマイルカップがスタートした翌年の一九九七年、中央競馬では外国産馬がもっとも活躍した。当時、一一七あった平地の重賞レースで外国産馬は四三勝も挙げた。これが外国産馬の年間重賞最多勝記録だ。それが二〇一九年は一三〇レース中、外国産馬は五レースしか勝てなかった。二一世紀になって、内国産馬と外国産馬の勢力図は大きく変わった。

ジンクス

二〇一五年五月一〇日に行われた第二〇回NHKマイルカップは皐月賞で五着だった単勝三番人気のクラリティスカイ（牡三歳、栗東・友道康夫厩舎）が優勝、二〇〇一年に同レースを制した父クロフネに続く同レース史上初の父子二代制覇を果たした。

二〇一五年に二〇回目を迎えたNHKマイルカップは創設された当初、外国産馬が活躍した。出走馬の大多数を外国産馬が占め、当然のように上位を独占した。創設の一九九六年からタイキフォーチュン（USA）、シーキングザパール（USA）、エルコンドルパサー（USA）、シンボリインディ（USA）、イーグルカフェ（USA）、そしてクロフネ（USA）と米国産馬が六連覇を果たした。

エルコンドルパサーが優勝した一九九八年は外国産馬の全盛期だった。中央競馬の登録馬六四五三頭のうち一二・七一％に当たる八二〇頭が外国産馬や外国調教馬で、総獲得賞金は一二三億二三九五万五〇〇〇円に達した。総賞金に占める外国産馬の獲得賞金の割合は一八・四九％。登録数の割合を上回り、一頭当たりの獲得賞金も内国産馬より多かった。

そんなNHKマイルカップが今ではすっかり様変わりし、内国産の三歳ナンバーワンマイラー決定戦の様相を呈してきた。

新しい時代にふさわしくクラリティスカイは過去の優駿が突き破れなかったジンクスを初めて克服した。それは皐月賞からの出走によるNHKマイルカップ制覇だ。二〇一四年までの一九年で四三頭が同じローテーションでNHKマイルカップに挑み、ただの一頭も優勝馬を出すことはできなかった。

二〇〇二年のタニノギムレットは皐月賞でノーリーズンの三着になったのをステップにNHKマイルカップに出走して三着。テレグノシスとアグネスソニックに先着を許した。タニノギムレットはNHKマイルカップの後、ダービーに挑み、見事に優勝を果たしている。二〇〇四年のメイショウボーラーも皐月賞ではダイワメジャーの三着になり、NHKマイルカップではキングカメハメハ、コスモサンビームに続く三着だった。皐月賞組はNHKマイルカップで勝てないというジンクスは創設二〇年目にして破られた。

クラリティスカイの優勝から四年がたった二〇一九年にアドマイヤマーズ（牡三歳、栗東・友道康夫厩舎）がNHKマイルカップを制した。アドマイヤマーズは二歳の二〇一八年六月にデビューし、四連勝で朝日杯フューチュリティステークスを制し、ＪＲＡ賞の最優秀二歳牡馬に選ばれた。三歳になった二〇一九年は共同通信杯（二着）、皐月賞（四着）をへてＮＨＫマイルカップの優勝につなげた。皐月賞をステップにしての優勝はクラリティスカイに次ぐ二頭目の記録となった。クラリティスカイも、アドマイヤマーズもともに友道康夫調教師の管理馬だったのは関連がありそうだ。

クラリティスカイが勝ったＮＨＫマイルカップの翌週、四歳以上の牝馬によるＧＩレース、第一〇回ヴィクトリアマイルでもジンクスは破られた。五番人気のストレイトガールが一〇回目にして初めて六歳での優勝を果たした。

ヴィクトリアマイルは四歳が強いレースだ。それまでの九年間で八二頭が出走して六勝、二着七回、三着三回という成績を残してきた。これに続くのが五歳。四八頭が出走し、三勝、二着二回、三着四回という実績だった。六歳以上のベテランは不振で三〇頭が出て、〇勝、二着もなく、二頭が三着に入ったことがあるだけだった。

この二〇一五年も前評判はデータ通りになった。一番人気は前年のオークス馬で四歳のヌーヴォレコルト、二番人気は五歳のディアデラマドレ、三番人気は四歳レッドリヴェール、四番人気は五歳カフェブリリアント。六歳のストレイトガールは前走の高松宮記念で一番人気に支持されながら一三着に惨敗したことで、ようやく五番人気になったぐらいだった。

しかし終わってみれば、これまで連対したこともなかった六歳のストレイトガールとケイアイエレガントが一、二着を占めた。おまけに最低一八番人気のミナレットが逃げ粘って三着になったため三連単の配当は二〇七〇万五八一〇円とGI史上最高、JRA史上二番目となる大波乱になった。ジンクスが破られる時というのは、こうしていっぺんにひっくり返されるものなのだろうか。

こうしてみると、克服されていないジンクスはまだまだありそうだ。色々なレースで一生懸命ジンクス探しをしている。もちろんジンクスを逆手に取って、馬券でもうけようというのが動機だ。

因縁の対決

二〇一四年五月二五日に東京競馬場で行われた第七五回優駿牝馬（オークス）は二番人気のヌーヴォレコルト（牝三歳、美浦・斎藤誠厩舎）が優勝した。残り二〇〇メートル付近で先頭に躍り出ると懸命に追いすがるハープスター（牝三歳、栗東・松田博資厩舎）をクビ差抑えてゴールした。

ヌーヴォレコルトとハープスターはこれが三度目の対決だった。初顔合わせは三月八日のチューリップ賞。桜花賞トライアルのこのレースはハープスターが優勝。ヌーヴォレコルトは二馬身半離された二着になった。二度目の対戦は四月一三日の桜花賞。この時もヌーヴォレコルトはハープスターの末脚に屈して三着に終わった。ただ同じ阪神競馬場の同じ芝一六〇〇メートルのレースで、その差はクビ＋四分の三馬身差に詰まっていた。

三度目の対決となったオークスがこれまでの二戦と違っていたのは、開催地だった。チューリップ賞と桜花賞の舞台がともに阪神競馬場だったのに対し、オークスは東京競馬場で行われた。ヌーヴォレコルトが東京競馬場でレースをするのはデビュー戦と二戦目に続いて三度目。勝手のわかったホームゲームだった。ヌーヴォレコルトが初めてホームでハープスターを迎え撃ったのがオークスだった。あまりにハープスターのパフォーマンスが優れていたため、この「地の利」という視点が欠けていた。レース後に気がついた。

レース後に気づいたことがもう一つあった。ハーツクライ産駒がGⅠ制覇を果たす時、二着はいつもディープインパクト産駒。そして、それは父の代から続く因縁のようなものだ、ということに。

二〇〇五年の有馬記念はディープインパクト一色だった。デビューから七戦無敗の成績で三冠を制覇。史上六頭目の三冠馬は勇躍、有馬記念に向かった。当然のように一番人気に支持され、単勝オッズは一・三倍。前年の覇者ゼンノロブロイは六・八倍の二番人気に追いやられた。レースでディープインパクトはいつものように後方を進んだ。中山競馬場の二周目三コーナーすぎからスパートした。ディープインパクトの機先を制したのがハーツクライだった。

追い込み戦法を常にしていたハーツクライだったが、この日は一転して先行した。クリストフ・ルメール騎手の奇策だった。だが奇策は当たる。一歩早く抜け出したハーツクライを追ってディープインパクトが迫ったが、半馬身差をつけ、ハーツクライは先頭でゴールした。四番人気だったハーツクライはこれが初のGⅠ制覇であり、白星は三歳五月の京都新聞杯以来一年七か月ぶりだった。国内一三戦でディープインパクトが敗れたのは、この有馬記念だけ。ハーツクライはこの時、ディープインパクトの「天敵」になった。

歴史は繰り返す。二〇一三年一〇月、東京競馬場で行われた第一四八回天皇賞・秋はジェンティルドンナが一番人気に支持されていた。三月にドバイに遠征し、ドバイシーマクラシックで二着。帰国初戦の宝塚記念は三着とこの年まだ勝ち星に恵まれていなかった。それでも前年のジャパンカップでオルフェーヴルを下した実力は高く評価されていた。当然の一番人気だった。

しかしディープインパクトの娘は二番手から伸び切れなかった。勝ったのは五番人気だったジャスタウェイ。ハーツクライ産駒として初のGⅠ制覇だった。

そしてこのオークスである。圧倒的な支持を集めたディープインパクトの娘ハープスターに土をつけたのは、またしてもハーツクライの娘ヌーヴォレコルトだった。ハーツクライ産駒はこのオークスでJRA重賞一六勝となった。

ハーツクライ産駒はその後、二〇二〇年五月末までに重賞で五九勝を挙げたが、そのうちの一三レースで二着にディープインパクト産駒を引き連れてきた。二〇一九年のジャパンカップではハーツクライ産駒のスワーヴリチャードが優勝し、二着にディープインパクトの娘カレンブーケドールが入った。GIレースで、一、二着がこの組み合わせになった三例目だった。ディープインパクトは二〇一九年七月に一七歳でこの世を去ったが、まだ数年は産駒が残る。ハーツクライとディープインパクトのライバル関係は、あと数年続くことになる。

ハーツクライはディープインパクトより一年早い二〇〇一年に生まれた。二〇〇一年生まれは多士済々で粒ぞろいの世代だ。代表格はキングカメハメハでNHKマイルカップとダービーの「変則二冠」に輝き、種牡馬になってからも大成功を収めた。ドゥラメンテ、レイデオロと二頭のダービー馬を送り出し、二〇一〇、二〇一一年には中央競馬のリーディングサイアー（首位種牡馬）になっている。このほかにも二〇〇一年世代にはダイワメジャーがいる。現役時代にはマイルチャンピオンシップの二連覇などGI五勝の実績を残し、種牡馬になってからもコンスタントに活躍馬を生み出してきた。キングカメハメハは二〇一九年に一八歳の生涯を閉じたが、同い年のハーツクライとダイワメジャーは健在で種牡馬活動を続けている。

二〇〇一年世代の子孫たちは今後も日本の競馬界にさまざまな影響力を与えることになりそうだ。

母と子の絆

第八〇回の節目となった二〇一三年の日本ダービーは単勝一番人気のキズナ（牡三歳、栗東・佐々木晶三厩舎、父ディープインパクト）が優勝した。

武豊騎手が前人未到のダービー五勝目を飾るなど、数々の新しい記録が作られたが、僕が一番驚いたのは、キズナは母キャットクイルが二〇歳の時に出産したという事実だった。これは一九四二（昭和一七）年優勝のミナミホマレ（母フロリスト）と並ぶ最高齢出産でのダービー制覇だった。
二〇二〇年までに誕生した八七頭のダービー馬は果たして母が何歳の時に出産したのだろうか。年齢別にまとめてみた。

【母四歳＝一頭】タニノムーティエ
【母五歳＝五頭】フレーモア、キーストン、クライムカイザー、フサイチコンコルド、ロジユニヴァース
【母六歳＝一〇頭】マツミドリ、タチカゼ、クリノハナ、ロングエース、シリウスシンボリ、トウカイテイオー、ミホノブルボン、サニーブライアン、アドマイヤベガ、メイショウサムソン
【母七歳＝八頭】ミハルオー、ゴールデンウエーブ、タケホープ、カブラヤオー、サクラショウリ、ミスターシービー、メリーナイス、コントレイル
【母八歳＝七頭】オートキツ、カツラノハイセイコ、スペシャルウィーク、ジャングルポケット、ディープブリランテ、レイデオロ、ロジャーバローズ
【母九歳＝一〇頭】カブトヤマ、イエリユウ、ハクチカラ、ダイゴホマレ、シンボリ

ルドルフ、ウィナーズサークル、ウイニングチケット、ワンアンドオンリー、マカヒキ、ワグネリアン

【母一〇歳＝八頭】クモノハナ、ヒカルメイジ、バンブーアトラス、ナリタブライアン、アグネスフライト、キングカメハメハ、ディープスカイ、エイシンフラッシュ

【母一一歳＝一二頭】ワカタカ、ガヴアナー、ヒサトモ、コダマ、ハクシヨウ、タニノハローモア、ダイナガリバー、アイネスフウジン、タニノギムレット、ディープインパクト、ウオッカ、オルフェーヴル

【母一二歳＝九頭】クモハタ、ボストニアン、コマツヒカリ、シンザン、テイトオー、コーネルランサー、オペックホース、タヤスツヨシ、ドゥラメンテ

【母一三歳＝三頭】トクマサ、スゲヌマ、サクラチヨノオー

【母一四歳＝六頭】セントライト、クリフジ、カイソウ、トキノミノル、メイズイ、ヒカルイマイ

【母一五歳＝二頭】アサデンコウ、ラッキールーラ

【母一六歳＝三頭】フエアーウイン、カツトップエース、ネオユニヴァース

【母一九歳＝一頭】ダイシンボルガード

【母二〇歳＝二頭】ミナミホマレ、キズナ

四歳から二〇歳まで幅はあるが、一二歳までが八七頭のうち八割を超える七〇頭を占めており、母一二歳というのが境界線になっている。最近は繁殖牝馬の入れ替えも早く、高齢牝馬は淘汰されることが多いと聞く。最近三〇年で一四歳を超える母から誕生したダービー馬はキズナのほかではネオユニヴァースしかいない。若い母馬じゃないと名馬を産むことはできない。そんな先入観を持っていた。しかしキズナが見事に常識を打ち破った。

一九九〇年にカナダで生まれたキャットクイルは英国で競走馬になった。二戦して〇勝。一九九四年に日本に輸入された。ブライアンズタイムと交配され、翌一九九五年に生まれた牝馬がのちの桜花賞馬ファレノプシスだった。

キャットクイルは桜花賞馬とダービー馬の母になった。それも二頭の間には一五歳もの年齢の開きがある。これはフサイチコンコルド（一九九六年ダービー）とアンライバルド（二〇〇九年皐月賞）という一三歳離れたクラシック馬の母になったバレークイーンを超え、グレード制が導入された一九八四年以降では、もっとも年齢差のあるＧⅠきょうだいの出産例ということになった。

キャットクイルの九歳年上の姉はパシフィカスという。そうビワハヤヒデ（菊花賞、天皇賞・春、宝塚記念）とナリタブライアン（三冠制覇、朝日杯三歳ステークス、有馬記念）という二頭のGⅠ馬の母になった名牝である。

こうした背景を持つキャットクイルだが、繁殖牝馬としてのステップは決して順調ではなかった。ファレノプシスを産んだ後、不受胎や流産、死産などもあった。キズナ以後は産駒を送り出していない。そうした恵まれない状況にあっても、しっかりとダービー馬を送り出す。キャットクイルの底力を感じたダービーだった。

母から強い生命力を受け継いだキズナはダービー優勝後、凱旋門賞出走のためフランスに遠征した。遠征初戦のニエル賞で底力を披露する。ゴール前の激しい競り合いでルーラーオブザワールドにハナ差で先着して優勝。ルーラーオブザワールドは同じ年の英国ダービー馬である。本番凱旋門賞でもトレヴ、オルフェーヴル、インテロに次ぐ四着と健闘した。二〇一五年の天皇賞・春を最後に現役を引退し、翌年春から種牡馬活動を始めた。二〇一九年に競走年齢に達したキズナ産駒は初年度から活躍し、七月に行われた函館二歳ステークスではビアンフェ（牡二歳、栗東・中竹和也厩舎）がスタートから先手を奪い、そのままゴール。いきなりの重賞制覇を達成した。

キズナ産駒のディープボンドが二〇二〇年のダービーに出走、五着になった。優勝すれば、史上初となるディープインパクト→キズナに次ぐ父子三代のダービー制覇だったが、それは来年以降に持ち越された。その時の鞍上に武豊騎手がいれば、父子三代制覇を同じ騎手が達成するという快記録が作られる。

王道

二〇一六年の日本ダービーには、皐月賞の上位馬六頭がそろって出走していた。優勝馬ディーマジェスティ、二着のマカヒキ、三着のサトノダイヤモンド、四着に繰り上がったエアスピネル、五着に降着したリオンディーズ、六着のマウントロブソンだ。

その結果、ダービーでは、どんなことが起きたか。優勝はマカヒキ、二着はサトノダイヤモンド、三着はディーマジェスティ、四着はエアスピネル、五着はリオンディーズ、そしてマウントロブソンは七着。

皐月賞とダービーの両レースがそろって行われるようになった一九三九年以降で初めて、両レースの上位五頭がまったく同じ顔ぶれになるという結果となった。その後、二〇二〇年までに日本ダービーは四度行われたが、この現象は起きていない。皐月賞とダービーの上位五頭が同じ顔ぶれだったケースは、あとにも先にも二〇一六年の一度だけだ。

皐月賞の上位六頭がそろってダービーに出走するという例は過去三〇年で七度あった。一九九七年、一九九八年、一九九九年、二〇〇二年、二〇〇五年、二〇〇六年、二〇一〇年だ。

この七度のケースでダービーに優勝した馬には、ある共通点があった。

一九九七年サニーブライアン（皐月賞優勝）、一九九八年スペシャルウィーク（皐月賞三着）、一九九九年アドマイヤベガ（皐月賞六着、一番人気）、二〇〇二年タニノギムレット（皐月賞三着）、二〇〇五年ディープインパクト（皐月賞優勝）、二〇〇六年メイショウサムソン（皐月賞優勝）、二〇一〇年エイシンフラッシュ（皐月賞三着）。ご覧のように、皐月賞出走馬がダービー制覇を果たしている。しかも皐月賞で三着以上になるか、四着以下に敗れていても一番人気になっていれば、ダービー馬になる資格がある。

この「法則」を二〇一六年に当てはめると、優勝の資格を持つのは三頭に絞られた。ディーマジェスティ（皐月賞優勝）、マカヒキ（皐月賞二着）、サトノダイヤモンド（皐月賞三着、一番人気）。そして有資格の三頭がダービーの上位を独占してみせた。

ダービー戦線の王道はやはり皐月賞組だ。その上位組がそろってダービーに駒を進めれば、ほかの路線から来る組にとって、相当高いハードルになる。

二〇一六年は、ダービートライアルの青葉賞を快勝したヴァンキッシュランは、その勝ち方がよかったためダービーでは六番人気の支持を集めたが、結果は一三着に終わった。京都新聞杯を完勝したスマートオーディンも五番人気になったが、ダービーでは六着。皐月賞六強の一角を崩しはしたものの、掲示板（五着以内）に載ることはできなかった。

穴人気になった二頭のうち、ヴァンキッシュランの敗因はレース数のせいだと、僕は考えている。

二〇一五年七月に函館でデビューしたヴァンキッシュランは二歳時を三戦〇勝で終え

た。初白星を挙げたのは年が明けた一月の京都だった。続く二月の東京では一着でゴールしたが、走行妨害があったとして二着に降着となった。結果的に、この降着が痛かった。その後、アザレア賞（阪神）、青葉賞（東京）と連勝してダービーに駒を進めたが、ダービーが年明け五戦目というローテーションになった。

近年のダービー馬の特長は三歳になってからのレース数の少なさだ。

マカヒキは年明け四戦目で第八三代ダービー馬に輝いた。二〇一五年のドゥラメンテも四戦目、二〇一四年のワンアンドオンリーは三戦目、二〇一三年のキズナは四戦目、二〇一二年のディープブリランテも四戦目、二〇一一年のオルフェーヴルは五戦目、二〇一〇年のエイシンフラッシュは三戦目、二〇〇九年のロジユニヴァースも三戦目、二〇〇八年のディープスカイは例外的に多く七戦目、二〇〇七年のウオッカは四戦目でダービー優勝にたどり着いた。

マカヒキの後もキャリアの少ないダービー馬が続いた。二〇一七年のレイデオロは二戦目、二〇一八年のワグネリアンは三戦目、二〇一九年のロジャーバローズは四戦目、二〇二〇年のコントレイルは二戦目だった。

二〇一一年以降の一〇頭のダービー馬の年明けの出走回数はダービー前までで平均

二・五回だ。キャリアの早いうちに賞金を積み上げ、ダービーまで余裕を持ってレースを重ね、できれば皐月賞で上位に食い込む。これがダービーを優勝するための王道なのだ。ヴァンキッシュランのようにダービーの出走権を追い求めるようになってしまうと本番では厳しい結果が待っている。

一九九一年以降の三〇頭のダービー馬の優勝に至るまでのステップを調べてみると、前走が皐月賞というパターンが二二頭、京都新聞杯組が三頭、NHKマイルカップ組が三頭、桜花賞組が一頭、すみれステークス組が一頭という内訳になる。

桜花賞組である二〇〇七年のウオッカとすみれステークスをステップにデビュー三戦目でダービー馬になった一九九六年のフサイチコンコルドは例外中の例外といえる。

気をつけておきたいのは三頭ずついるNHKマイルカップ組と京都新聞杯組だ。NHKマイルカップ組である二〇〇二年のタニノギムレット、二〇〇四年のキングカメハメハ、二〇〇八年のディープスカイに共通するのは、いずれもダービーで一番人気だったことだ。しかもNHKマイルカップでも一番人気の支持を受けていた。このレベルの馬がダービーに出てくれれば、だまって「買い」だ。

アグネスフライト（二〇〇〇年）、キズナ（二〇一三年）、ロジャーバローズ（二〇一九年）の京都新聞杯も、京都新聞杯で二番人気以上の人気馬だったという共通点を持つ。ロジャーバローズは二番人気だった京都新聞杯で逃げ粘って二着になっていた。データからはダービー優勝の可能性をもっていたが、サートゥルナーリアを筆頭にした皐月賞組に注目が集まり、例年に比べ、京都新聞杯組への注目度が落ちていた。そのためロジャーバローズは単勝一二番人気という伏兵だった。いわゆる「人気の盲点」というタイプだ。

単勝の払い戻し九三一〇円はレース歴代二位の高額配当となった。

親子

二〇一七年五月二八日に行われた第八四回東京優駿（日本ダービー）はレイデオロ（牡三歳、美浦・藤沢和雄厩舎）が優勝し、父キングカメハメハに続く父子二代制覇を果たした。日本ダービーの父子制覇は、これで一一組目となった。

その後、二〇一八年のワグネリアン、二〇一九年のロジャーバローズ、二〇二〇年のコントレイルと三年連続してディープインパクト産駒がダービー制覇を果たし、父子二代制覇は合わせて一四組を数えるようになった。ミナミホマレ、ディープインパクト、キングカメハメハの三頭は複数のダービー馬の父となっている。以下が父子二代のダービー制覇の記録だ。

■カブトヤマ（一九三三年）＝マツミドリ（一九四七年）
■ミナミホマレ（一九四二年）＝ゴールデンウエーブ（一九五四年）、ダイゴホマレ（一九五八年）
■シンボリルドルフ（一九八四年）＝トウカイテイオー（一九九一年）
■タニノギムレット（二〇〇二年）＝ウオッカ（二〇〇七年）
■ネオユニヴァース（二〇〇三年）＝ロジユニヴァース（二〇〇九年）
■ディープインパクト（二〇〇五年）＝ディープブリランテ（二〇一二年）、キズナ（二〇一三年）、マカヒキ（二〇一六年）、ワグネリアン（二〇一八年）、ロジャーバ

ローズ（二〇一九年）、コントレイル（二〇二〇年）
■キングカメハメハ（二〇〇四年）＝ドゥラメンテ（二〇一五年）、レイデオロ（二〇一七年）

ご覧の通り、近年、内国産種牡馬が急激にレベルを上げてきたため、全一四組のうち一〇組は二〇〇七年以降に集中している。逆にいうと、近年で父子二代制覇ではないのは二〇〇八年のディープスカイ（父アグネスタキオン）、二〇一〇年のエイシンフラッシュ（父キングズベスト）、二〇一一年のオルフェーヴル（父ステイゴールド）、二〇一四年のワンアンドオンリー（父ハーツクライ）の四例しかないのだから驚きだ。

レイデオロが優勝して、ダービー史上一一組目の父子二代制覇が達成されると同時に、スワーヴリチャード（父ハーツクライ）によって、史上三組目の父子二代のダービー二着という記録も作られた。父ハーツクライにとっては二〇一一年のウインバリアシオンに次ぐ二度目の記録で二〇二〇年にもサリオスが二着になった。あとの一組は二〇〇二年のシンボリクリスエスと二〇一三年のエピファネイアの親子だ。

キングカメハメハとハーツクライは同じ二〇〇一年生まれで、二〇〇四年のダービーで一、二着を分け合った間柄である。そんな二頭の息子が一三年後、再び一、二着を分け合うことになったのだから、それはそれで素晴らしい。こんなケースが過去にあったのか。調べてみたが、見つけられなかった。同じダービーで一、二着した馬の子どもが、その後のダービーでも一、二着となったケースは、おそらくダービー史上初めての出来事だった。

レイデオロのダービーの終わった夜、友人がツイッターでつぶやいたのを見て、びっくりした。

「キングカメハメハ＝レイデオロの父子制覇の陰でジョーカプチーノ＝ジョーストリクトリ父子二代一八着も達成されました。さあ、ここから巻き返そう」

二〇〇九年、GIのNHKマイルカップ（芝一六〇〇メートル）を制したジョーカプチーノは藤岡康太騎手とともにダービーに出走。果敢に逃げ、最下位に敗れた。優勝したロジユニヴァースからは九秒三離されていた。直前の大雨であいにくの不良馬場。スピードが身上のジョーカプチーノには不向きな馬場状態だった。ジョーカプチーノは六歳で引退するまでに二三戦六勝の成績を残した。重賞勝ちはNHKマイルカップのほかにファルコンステークス（芝一二〇〇メートル）とシルクロードステークス（芝一二〇〇〇メートル）があった。振り返ってみると、短距離走者でダービーの二四〇〇メートルは距離が長すぎたのだろう。スプリンターの遺伝子が息子のジョーストリクトリにも受け継がれ、父子二代のダービー最下位という結果になったのだろう。それにしても友人は、よくこの事実に気づいたものだ。あらかじめ気にかけていたのだろう。競馬をとことん楽しむ達人だ。

一九四七年、戦争のために中断していた日本ダービーが三年ぶりに再開した。優勝したのは三番人気のマツミドリ。父カブトヤマに次ぐダービー史上初の父子二代制覇だった。

アタマ差で二着に敗れたのは牝馬のトキツカゼだった。トキツカゼの大久保房松調教師は悔しがりながらも「あいつの子に負けたのだから本望だ」と話したという。マツミドリを送り出した父カブトヤマは現役時代、自らが騎乗してダービーを制した馬だったのだ。

八年後、大久保調教師はトキツカゼが産んだオートキツをダービーに送り込んだ。向こう正面がかすんで見えるほどの雨の中、二本柳俊夫騎手を背にしたオートキツはレース途中で先頭に立つと、最後の直線ではさらに後続を引き離し、ゴールでは八馬身差の圧勝劇を演じた。アタマ差に泣いた母の無念を息子が見事に晴らしてみせた。

馬主の川口鷲太郎氏、生産者の青森・益田牧場、そして大久保調教師のトリオは八年前に二着になり、悔し涙を流したトキツカゼと同じ組み合わせだった。

フラムドパシオン

完全にあきらめていた落とし物が、長い年月をへて、手元に戻ってきたような感じ。そういえば、わかっていただけるだろうか。

二〇〇八年六月一日、ディープスカイが優勝したダービー直後の第一一レース、東京競馬場では富嶽賞のスタートが切られた。ファンはフラムドパシオン（牡五歳、栗東・角居勝彦厩舎）のことを忘れてはいなかった。単勝二・一倍の一番人気。二年三か月ぶりに実戦復帰する競走馬への期待としては大きすぎる支持だった。

それほどフラムドパシオンの強さはファンの脳裏に焼き付いていたのだ。父クロフネと同じ芦毛馬。実戦を走るのは二〇〇六年三月のUAEダービー（アラブ首長国連邦ナドアルシバ競馬場）以来だった。

フラムドパシオンの強さが「伝説」になったのは二〇〇五年一二月、中山競馬場のダート戦だった。二歳五〇〇万クラスの一八〇〇メートル戦。北村宏司騎手を背にしたフラムドパシオンは四番手から徐々に進出。三コーナーすぎで先頭に立つと、あとは独走に次ぐ独走。二着に二秒四（およそ一二馬身）もの大差をつけて圧勝のゴールインを果たした。優勝タイムの一分五二秒七は、あれから一五年ちかい年月をへた今も中山競馬場の二歳レコードタイムとして残っている優秀なものだ。

二〇〇六年二月、続くヒヤシンスステークス（東京競馬場ダート一六〇〇メートル）も二着に三馬身半差をつけて快勝し、アラブ首長国連邦ドバイへと旅立っていった。ドバイではUAEダービー（ダート一八〇〇メートル）に出走、きわどい二着争いに加わり、惜しくも三着に終わった。のちに米国の年度代表馬になるインヴァソールが、フラムドパシオンから四分の三馬身遅れの四着だった。ドバイの地でフラムドパシオンの実力が「世界レベル」であることを証明した。

しかし、さあこれからという時に、フラムドパシオンを悪夢が襲った。右前脚の屈腱炎が見つかったのだ。「不治の病」とも呼ばれる難病だ。生産牧場であるノーザンファームからの依頼を受けた日本中央競馬会の競走馬総合研究所は当時の最先端治療に取り組むことになった。

屈腱炎の治療としては日本で初めて行う「再生医療」だった。フラムドパシオンの胸骨から「幹細胞」を摘出する。それを培養で増殖させた後に患部へ注入する。そうすると、幹細胞は腱細胞に変化し、炎症で失われた部分が再生される。もともと自らの体内から採取した細胞なので、拒絶反応などの副作用も抑えられる。

幸いにも屈腱炎は一年ほどで治癒したが、別の問題が出て、ここまで復帰が延びた。二年のブランクはフラムドパシオンに少なからぬ悪影響を及ぼしていたはずだが、絶対能力の違いで、そんな不利も克服してしまった。二着に四馬身差をつける完勝で富嶽賞を制し、鮮やかに復活をアピールした。

「成績の良い馬ほど故障しやすい」と言われる。自らのスピードが故障のリスクを高めているのだ。まして腱の故障は完全治癒がむずかしいとされてきた。ナリタブライアン、ダンスインザダーク、サクラローレル、マヤノトップガン、サニーブライアン、アグネスタキオン、クロフネ、タニノギムレット、ネオユニヴァース、キングカメハメハ、ソングオブウインド。これだけの名馬が屈腱炎が原因で、現役生命を絶たれ、引退へと追い込まれていった。

フラムドパシオンは富嶽賞で復活勝利を飾った後、四戦し、一勝を上乗せして、引退した。残念ながら大レースを勝つことはできなかったが、それまで屈腱炎と聞くと、なすすべもなく、ただ引退が待つばかり。手をこまねいて見送るしかなかったが、フラムドパシオン以降は屈腱炎と聞いても多少は復帰の希望を持ってもいいことになった。

フラムドパシオンが復帰したのと同じ二〇〇八年一一月にカネヒキリ（牡六歳、栗東・角居勝彦厩舎）が武蔵野ステークスで二年五か月ぶりの実戦復帰を果たした。再生医療による右前脚の屈腱炎からの復帰だった。カネヒキリは武蔵野ステークスこそ九着に終わったが、続く二〇〇八年のジャパンカップダート、東京大賞典、二〇〇九年の川崎記念と地方競馬との交流レースを含めGⅠレース三連勝をやってのけた。

屈腱炎になる前にも二〇〇五年のジャパンダートダービー、ダービーグランプリ、ジャパンカップダート、二〇〇六年のフェブラリーステークスとGⅠレースで四勝を挙げていた。屈腱炎からの復帰後にGⅠを三勝もした馬はカネヒキリ以外に例がない。現役を引退して種牡馬になったカネヒキリは、ミツバ、テーオーエナジー、ディオスコリダー、ロンドンタウンなど父と同じくダート戦での重賞勝ち馬を送り出した。

祖母力

時間があれば、できるだけ血統表をチェックして、「祖母」を調べるようにしている。きっかけを作ってくれたのは二〇一四年に第七四代桜花賞馬になったハープスター（父ディープインパクト、栗東・松田博資厩舎）だった。ハープスターの母はヒストリックスター。ヒストリックスターの母、つまりハープスターの祖母は、第五三代桜花賞馬ベガである。一九九三年の桜花賞とオークスを制するなど競走馬として大活躍したベガは、繁殖牝馬としても素晴らしい実績を残した。

一九九六年にサンデーサイレンスとの間に出産した第一子はアドマイヤベガ。一九九九年にダービー馬となった。一九九九年にティンバーカントリーとの交配で誕生したアドマイヤドンは二〇〇二〜二〇〇四年にＪＢＣクラシックを三連覇するなど芝とダートを合わせてＧⅠレースで七勝を挙げた。ベガは五番目に初めて牝馬のヒストリックスターを産んだ。そのヒストリックスターがハープスターの母になった。

二〇一四年に青葉賞を制してダービーに出走したショウナンラグーンも祖母はＧⅠ馬だった。ショウナンラグーンの母はメジロシャレード。メジロシャレードの母は一九九八、一九九九年のエリザベス女王杯を二連覇するなどＧⅠレースで計五勝を挙げたメジロドーベルである。メジロドーベルの系統はこれまで活躍馬を送り出すことができずにいたが、ショウナンラグーンの登場で名門復活の兆しが見えた。

二〇一四年は祖母に名牝を持つ馬が活躍した年だった。ハープスターやショウナンラグーンのほかでは、ＡＪＣ杯を制したヴェルデグリーン、京都新聞杯勝ちのハギノハイブリッドがそうだ。

ヴェルデグリーンの母の母はウメノファイバー。一九九九年のオークス馬だ。ハギノハイブリッドの母の母はサイレントハピネス。一九九五年に四歳牝馬特別（現フローラステークス）、ローズステークスと二つのＧⅡレースで優勝した。小倉大賞典で重賞初制覇を果たしたラストインパクトの母の母はパシフィカス。米国で生まれたパシフィカスに日本での競走経験はないが、母として菊花賞などＧⅠレース三勝のビワハヤヒデ、そして三冠馬ナリタブライアンを送り出した歴史的な名牝だ。

もう一頭、忘れてはいけない「祖母」がいる。

一九九〇年生まれのアイリッシュダンスだ。一九九五年に新潟大賞典（福島競馬場）と新潟記念を制するなど九勝を挙げた。六番子がオメガアイランドで、オメガアイランドの娘オメガハートロックがこの年フェアリーステークスで優勝した。桜花賞、オークスの有力候補の一頭だったが、故障に泣き、大舞台を踏むことはできなかった。

アイリッシュダンスがオメガアイランドの一年前に産んだのが種牡馬ハーツクライだ。ヌーヴォレコルト（オークス）、ワンアンドオンリー（ダービー）、ジャスタウェイ（安田記念）と産駒が三週連続のＧⅠレース制覇を果たした。五年後の二〇一九年、種牡馬ハーツクライは自己最高のシーズンを迎えた。ＧⅠ勝利はリスグラシューの宝塚記念と有馬記念、スワーヴリチャードのジャパンカップ、サリオスの朝日杯フューチュリティステークスと年間四勝を記録した。二〇一四年の年間三勝を超え、自己最多となった。中央競馬における産駒の獲得賞金も自己最多の三二億円を上回る三九億円をマークした。

一八歳になっても衰えることを知らない。

多くの活躍馬を出した牝系として有名なのがアグネスレディー一族だ。一九七九年のオークスを制したアグネスレディー（父リマンド）は現役を引退し、繁殖牝馬になった。一九八七年六月、ロイヤルスキーとの間に出産したのがアグネスフローラだった。アグネスフローラは一九九〇年の桜花賞を制し、母が六着に終わったレースで見事に雪辱した。アグネスフローラの息子アグネスタキオン（父サンデーサイレンス）は二〇〇一年の皐月賞を制した。アグネスタキオンの娘ダイワスカーレットが二〇〇七年の桜花賞で優勝、息子のキャプテントゥーレが二〇〇八年の皐月賞で父子二代制覇を果たし、息子のディープスカイが同じ年のダービーで栄冠に輝いた。アグネスレディーを源にする血脈はアグネスフローラ、アグネスタキオンをへてダイワスカーレットなどに受け継がれ、親子四代のクラシック制覇というＪＲＡで最初の記録を残した。

二〇一九年一一月三日に行われたアルゼンチン共和国杯では「祖母」が結果に大きくかかわった。優勝したのは二番人気のムイトオブリガード（牡五歳、栗東・角田晃一厩舎）だった。父ルーラーシップ、母ピサノグラフ（母の父サンデーサイレンス）という血統だ。そしてメンバー中最速の末脚でムイトオブリガードに追いすがり、二着になったのがタイセイトレイル（牡四歳、栗東・矢作芳人厩舎）だった。タイセイトレイルは父ハーツクライ、母マザーウェル（母の父シンボリクリスエス）という血統を持つ。二頭の母親ピサノグラフとマザーウェルはともにシンコウラブリイが産んだ娘だった。つまりアルゼンチン共和国杯はシンコウラブリイの孫同士で一、二着を分け合ったのだ。アイルランドで一九八九年に生まれたシンコウラブリイは現役時代、一九九三年のマイルチャンピオンシップで優勝するなど通算一五戦一〇勝の成績を残した。繁殖牝馬となってからも一一頭の産駒を産んだ。

血統の話をする時、種牡馬に焦点が当たるケースが多い。だが影響力のある牝系が存在することも覚えておきたい。

春

冬

II Summer

夏

秋

小兵

競走馬の飼料添加物から禁止薬物のテオブロミンが見つかった事件で、競馬界に衝撃が走った二〇一九年六月一五日、阪神競馬場で快記録が達成された。

第六レースの三歳未勝利戦（芝二四〇〇メートル）で一三頭立ての五番人気に支持されたメロディーレーン（牝、栗東・森田直行厩舎）は一二番手を進んでいた三コーナーからスパートを開始した。その勢いは素晴らしく、ルーキーの岩田望来騎手が外側に進路を取ると、前を行くライバルたちを次から次へとかわし、最後の直線では独走。二着のダンディズムに九馬身もの差をつけて一着でゴールした。

この快勝によって、競馬史に刻まれたのは「ＪＲＡ史上最少体重優勝馬」という記録だった。この日のメロディーレーンの体重は三四〇キロ。従来の記録は一九七二年に二歳牝馬のジャンヌダルクが小倉競馬場でマークした三五〇キロだったから、この記録を四七年ぶりに一〇キロも下回った。

メロディーレーンは、これまでも体重に関するＪＲＡ記録を持っていた。それは「史上最少体重出走馬」という記録だ。二〇一九年三月二日に小倉競馬場で三歳未勝利戦に出走した時の体重が三三〇キロで、二〇一一年にグランローズが記録したものと並び、ＪＲＡでもっとも小さな馬として名前を残していた。そんな小兵が、今度は当時より一〇キロ体重を増やして初勝利を飾り、ＪＲＡでもっとも小さな勝ち馬として競馬史に名を刻むことになった。

ＪＲＡが馬体重を発表するようになったのは一九六四年だ。ＧＩ級のレースを勝った馬でもっとも小さかったのは一九七一年のオークスで優勝したカネヒムロ（牝三歳）で当日の体重は三八四キロだった。重賞の優勝馬では一九八三年にニュージーランドトロフィー四歳ステークス（当時）を制したアップセッター（牡三歳）の三八〇キロという記録がある。

逆に大きな馬の記録も書いておこう。「最高体重出走馬」は二〇一五年一月一七日の京都競馬の第八レースで五着になったショーグン（牡五歳）で六四〇キロ。メロディーレーンとグランローズの持つ最少記録三三〇キロとは三一〇キロもの差があり、ほとんど二倍の重さだ。ショーグンは最高体重優勝馬六二六キロの記録保持馬でもある。ショーグンは現在、阪神競馬場で誘導馬の仕事をしている。その大きさを体感したい方は是非、阪神競馬場に足を運んでみてください。

再び小さな馬メロディーレーンの話題に戻る。同馬は父オルフェーヴル、母は英国生まれのメーヴェという血統を持つ。二〇一一年に三冠を制したオルフェーヴルは国内で走った一七戦で体重は四四〇～四六六キロだった。小柄な部類だが、娘のメロディーレーンほどではない。母メーヴェは英国から輸入され、中央競馬で競走馬になった。二二戦五勝。体重は四四六～四六四キロだった。オルフェーヴルとほぼ同じ体重だ。両親からはメロディーレーンの軽量は説明がつかない。母の父モティベーター（英国産）は二〇〇五年の英国ダービー優勝馬で凱旋門賞を連覇したトレヴ（フランス産）の父としても有名だが、その体重はわからない。可能性があるとしたら、オルフェーヴルの父ステイゴールドからの隔世遺伝だろう。国内外を合わせ五〇戦もしたステイゴールドだが、最低体重は四〇八キロという小兵だった。

ステイゴールドは二〇一五年に他界し、この年に種付けした中から一頭だけ産駒が誕生した。実質的には二〇一四年に種付けし、二〇一五年に生まれた世代がステイゴールドの最終世代といえる。数少なくなってきたステイゴールド産駒だが、二〇一九年は活躍が目立った。中央競馬の種牡馬ランキングで四位になったのもさすがだが、インディチャンプ（牡四歳、栗東・音無秀孝厩舎）がGⅠ安田記念とマイルチャンピオンシップを制するなどJRAの重賞一二勝を挙げ、ウインブライト（牡五歳、美浦・畠山吉宏厩舎）は四月の香港でクイーンエリザベス二世カップに優勝、一二月には香港カップも制覇。海外GⅠタイトルを手にした。

ステイゴールドの小さな体の中にあった無尽蔵のエネルギーは死後四年たっても燃え続けている。

小柄なことで話題を集めたメロディーレーンだったが、その後は自らの実力で、その存在をアピールしていった。

二〇一九年九月二八日には、阪神競馬場で三歳以上一勝クラスのレースに出走。同期と年上の牡馬八頭と騸馬一頭のライバルを相手に二馬身半差で快勝する。芝二六〇〇メートルの勝ちタイムは二分三七秒一。これは従来の記録（二分三七秒三＝サクセスパシュート、二〇一二年一一月三日、福島）を〇秒二更新する中央競馬の芝二六〇〇メートルの新記録となった。この時の体重は三三八キロ。自らが持っていた三四〇キロの「JRA最少体重優勝馬」の記録を二キロ更新してみせた。

小柄な牝馬でありながら、とてつもないスタミナに恵まれたメロディーレーンは次の進路に距離三〇〇〇メートルの菊花賞を選んだ。皐月賞、ダービーに続く三冠レースの最終戦。牝馬の挑戦は一〇年ぶりとなったが、一八頭立て一二番人気の低評価に反発するかのように最後の直線では末脚を伸ばし、五着に健闘した。二〇二〇年には三二〇〇メートルの天皇賞・春に挑み、一四頭立ての一一着になった。

種牡馬メーカー

二〇一三年六月二三日に阪神競馬場で行われた第五四回宝塚記念で、前代未聞の記録が達成された。どんな記録だったのかという種明かしは後回しにして、まずは出走馬と着順を、枠順に従ってご覧いただきたい。

①ヒットザターゲット（父キングカメハメハ）一一着

②タニノエポレット（父ダンスインザダーク）九着
③フェノーメノ（父ステイゴールド）四着
④ダノンバラード（父ディープインパクト）二着
⑤シルポート（父ホワイトマズル）一〇着
⑥トーセンラー（父ディープインパクト）五着
⑦スマートギア（父マーベラスサンデー）八着
⑧ナカヤマナイト（父ステイゴールド）六着
⑨ローゼンケーニッヒ（父シンボリクリスエス）七着
⑩ゴールドシップ（父ステイゴールド）一着
⑪ジェンティルドンナ（父ディープインパクト）三着

これだけを見て、答えがわかった方はかなりの競馬通だ。前代未聞の記録というのは「出走全馬の父馬の現役時代に、武豊騎手が一度は手綱を取ったことがある」だ。武豊騎手が公式ホームページで明らかにしていたので僕も気がついた。

二〇〇四年一二月のデビュー以来、二〇〇六年一二月の有馬記念まで一四戦すべてにコンビを組んでGIレース七勝を挙げたディープインパクト、同じく全八レースで騎乗した菊花賞馬ダンスインザダーク、また全一五戦を共に戦った宝塚記念優勝のマーベラスサンデー、二〇〇一年一二月の引退レース、香港ヴァーズで悲願のGI制覇を果たしたステイゴールドなどと武豊騎手の組み合わせは強烈に印象に残っているが、キングカメハメハやシンボリクリスエスに騎乗した姿は記憶になかった。

改めて調べてみた。

キングカメハメハの手綱を取ったのは二〇〇三年一二月一三日の一度きり。阪神競馬場であったエリカ賞。デビュー戦を白星で飾ったキングカメハメハは本来、初戦に続き、安藤勝己騎手が乗る予定だったが、エリカ賞の時は騎乗停止になっていた。武豊騎手はキングカメハメハを勝利に導き、ダービー制覇へとつなげた。

シンボリクリスエスに騎乗したのも一度だけだ。二〇〇二年四月二七日。ダービートライアルの青葉賞で鞍上に座り、見事に重賞初勝利を飾っている。

英国生まれの英国調教馬ホワイトマズルにはイギリスとフランスで騎乗している。一九九四年の英アスコット競馬場ではキングジョージ六世&クイーンエリザベスステークスに出走して二着になり、同年の仏ロンシャン競馬場では凱旋門賞に出て、六着になった。

種牡馬になれる確率とは、いったいどれぐらいのものだろうか。日本では毎年、七〇〇〇頭近いサラブレッドが誕生する。このうち半分が牡馬だとする。このうちダービーや天皇賞で優勝するような一流馬は一握りだ。種牡馬になる確率はおそらく一〇〇〇分の一ほどのものだろう。そうした小さな確率をくぐり抜ける馬の背中にいることの確率はさらに低い。

だから自分が騎乗した馬が種牡馬になり、あるＧＩレースの出走馬全部が、その二世で占められるなどということは、ほとんど天文学的な確率でしか起こらない。一流馬の手綱を任されてきた武豊騎手のすごさを改めて知ることになった。

そして武豊騎手は、その記念すべきレースに自らも参加した。騎乗したのはディープインパクト産駒の四番人気トーセンラー。ゴールドシップ、ダノンバラード、ジェンティルドンナ、フェノーメノに続く五着でゴールした。

優勝したのはステイゴールド産駒のゴールドシップだった。ステイゴールド産駒は宝塚記念に強く、二〇〇九年ドリームジャーニー、二〇一〇年ナカヤマフェスタ、二〇一二年オルフェーヴルに続き、五年間で四勝目という驚異の記録を残し、ヒンドスタンと並んで宝塚記念最多勝種牡馬になった。翌二〇一四年もゴールドシップが優勝し、ステイゴールドは単独の最多勝種牡馬になった。

ステイゴールドはフェノーメノ（天皇賞・春二連覇）、レッドリヴェール（阪神ジュベナイルフィリーズ）、アドマイヤリード（ヴィクトリアマイル）、レインボーライン（天皇賞・春）、インディチャンプ（安田記念）、オジュウチョウサン（中山グランドジャンプ五勝）と数多くのＧＩ馬を送り出し、生産界に大きな足跡を残した。

それもこれも武豊騎手がステイゴールドを国際ＧＩホースに仕立てたことが理由だ。ステイゴールドが種牡馬入りできたのは、武豊騎手とともにつかんだ香港ヴァーズがあったからだ。ディープインパクト、スペシャルウィーク、アドマイヤベガ、タニノギムレット、キズナのダービー馬を始め、キタサンブラックやメジロマックイーンの天皇賞馬など武豊騎手のお陰で種牡馬になることができた馬は一体何頭ぐらいいるものだろうか。「種牡馬メーカー」としての武豊騎手の役割の大きさは計り知れない。

全場制覇

二〇一五年七月一二日に福島競馬場で行われた第五一回七夕賞は二番人気のグランデッツァ（牡六歳、栗東・平田修厩舎）が優勝した。騎乗した川田将雅騎手（二九）にとって、この勝利は福島競馬場での重賞レース初勝利となり、川田騎手は日本中央競馬会（JRA）の一〇競馬場のうち九競馬場での重賞勝ちを果たした。

二〇〇四年にデビューした川田騎手が初めて重賞レースを制したのは二〇〇六年二月、小倉競馬場で行われた小倉大賞典だった。一一番人気のメジロマイヤーに騎乗して一八〇〇メートルを逃げ切った。同年三月にはマチカネオーラで中京記念（中京競馬場）、同年五月にポップロックで目黒記念（東京競馬場）を制覇した。

その後、サンアディユで阪神競馬場のセントウルステークス（二〇〇七年）、キャプテントゥーレで京都競馬場のデイリー杯二歳ステークス（二〇〇七年）、アドマイヤフジで中山競馬場の中山金杯（二〇〇八年）と勝利を重ねた。重賞六勝目まで、すべて違う競馬場で白星を挙げた。二〇〇八年にオースミグラスワンで新潟大賞典を制し、七つ目の新潟競馬場で重賞初白星を飾り、二〇一四年、ハープスターで札幌記念（札幌競馬場）をものにした。そしてこの年の七夕賞につながった。

七夕賞の翌週、全一〇競馬場での重賞制覇を目指して函館競馬場に向かった。函館記念で騎乗したのはデウスウルト。川田騎手の記念の勝利を期待してか、デウスウルトは単勝四番人気の支持を集めた。しかし結果は一一着。パンパンの良馬場ではなかったのが災いしたようだ。翌週の函館二歳ステークスに騎乗予定はなく、この年の函館開催は終了。川田騎手の全場重賞制覇の記録は二〇一六年以降に持ち越されたが、その後二〇一九年まで函館競馬場での重賞騎乗は実現しておらず、記録達成もおあずけになっている。

川田騎手が王手をかけている全場重賞制覇の快記録だが、二〇一九年終了時点で、五人の騎手が達成している。

達成順に挙げると、一九九六年に安田富男騎手が札幌スプリントステークスをノーブルグラスで制し、デビュー二九年目で記録達成の第一号となり、翌一九九七年、武豊騎手がアグネスワールドに騎乗して函館三歳ステークス（現函館二歳ステークス）で優勝、デビュー一一年目で第二号になった。二〇〇四年には藤田伸二騎手がメイショウバトラーで小倉大賞典（小倉競馬場）を制し、デビュー一四年目で三人目となり、二〇一六年には横山典弘騎手がアデイインザライフに騎乗して、新潟記念（新潟競馬場）に勝って、三一年目で達成。二〇一八年には秋山真一郎騎手がキンショーユキヒメに乗って福島牝馬ステークス（福島競馬場）を制して、二二年目で五人目の記録保持者となった。現役で川田騎手のように全場重賞制覇に王手をかけている主な騎手は三人。柴田善臣騎手は函館競馬場、蛯名正義騎手は小倉競馬場、福永祐一騎手は福島競馬場での重賞勝ちをそれぞれ残している。

調教師で全場重賞制覇を果たしているのは六人。渡辺栄・元調教師、山内研二・元調教師、森秀行調教師、角居勝彦調教師、鮫島一歩調教師、中竹和也調教師だ。いずれにせよ、騎手も調教師も達成者が一けたずつしかいないという難しい記録である。

出走機会の限られる「人」に対して「種牡馬」は記録達成の可能性ははるかに大きい。同じ日の別の競馬場で複数の産駒が出走することもあり得るからだ。実際に一九八四年にグレード制が導入されてから二〇一九年までに九頭の種牡馬が全場重賞制覇を達成している。ノーザンテースト、トニービン、サンデーサイレンス、フジキセキ、キングカメハメハ、マンハッタンカフェ、クロフネ、シンボリクリスエス、ディープインパクト、ハーツクライと名種牡馬の名前が並ぶ。

二〇一五年、この名種牡馬の仲間入りに挑戦したのがディープインパクトだった。二〇一〇年に産駒が二歳になったディープインパクトは同年一二月のラジオＮＩＫＫＥＩ杯二歳ステークス（阪神競馬場）でダノンバラードが重賞初勝利を飾ると、破竹の勢いで勝ち続け、二〇一四年八月にキャトルフィーユがクイーンステークス（札幌競馬場）を制した時点で九場制覇。函館競馬場を残して全場重賞制覇に王手をかけていた。

そして二〇一五年、函館競馬最終日の函館二歳ステークスに二頭の産駒を送り込むことになった。ブランボヌールとメジェルダ。いずれも牝馬だった。レースはそのメジェルダが先頭を切って引っ張る展開になった。最後の直線。今度は一番人気に支持されたブランボヌールが矢のような伸び脚を見せた。先行勢をあっという間に飲み込み、二着に三馬身半差をつける快勝劇。父に初めての函館競馬場の重賞勝利をプレゼントした。二〇一五年もミッキークイーンがオークスを制するなど快進撃を続ける名種牡馬に全場重賞制覇という新しいタイトルが加わった。

二〇一九年にはハーツクライが新しいメンバーに加わった。八月にウーマンズハートが新潟競馬場で行われた新潟二歳ステークスを制したのだ。リスグラシュー（宝塚記念、有馬記念)、スワーヴリチャード(ジャパンカップ)などが大活躍し、二〇一九年は中央競馬で産駒が三九億円を稼いだ。これは二〇一〇年の種牡馬デビュー以来自己最高の成績だった。

完売の背景

二〇一四年、夏の風物詩・セレクトセールを取材するため北海道苫小牧市のノーザンホースパークにお邪魔した。初日の七月一四日は不参加、二日目の当歳市場から取材に加わった。

競馬関係者なら自然とため息が出るような血統馬が次から次へとセールリングに登場し、これまた次から次へと落札されていった。二日間で四七五頭(一歳二五五頭、当歳二二〇頭)が上場され、このうち四〇四頭(一歳二一五頭、当歳一八九頭)が落札された。売上総額の一二五億七五〇五万円は過去最高だった前年を上回り、落札率の八五・一％も新記録になった。決して好景気とはいえない経済状況の中、上場馬のレベルを高く保ち、開催に力を注ぐ方々の努力には頭が下がる。

この年のセレクトセールで目立ったのがハーツクライ、ステイゴールド産駒の人気の高さだった。当時のチャンピオンサイアーであるディープインパクト産駒は相変わらず高い評価を得ていたが、そのディープインパクト産駒でさえ、落札されず、主取りになったケースが一頭あったのに対し、ハーツクライ産駒は上場二六頭、ステイゴールド産駒は二二頭すべてが落札され、「完売」を記録した。

理由は重賞レースでの強さだろうと想像する。

七月一三日現在、二〇一四年のＪＲＡの平地重賞は六八レースが終わったが、勝ち星では一六勝のディープインパクトが首位を独走している。ハープスターの桜花賞、ミッキーアイルのＮＨＫマイルカップ、ヴィルシーナのヴィクトリアマイルとＧⅠレースも三勝と中身も濃い。

質量ともに他を圧倒しているディープインパクトに対し、ハーツクライとステイゴールドは質の高さで迫っている。

ハーツクライ産駒の重賞勝ちは二位の七勝だが、そのうち三勝がGIレースだ。ヌーヴォレコルトのオークス、ワンアンドオンリーのダービー、ジャスタウェイの安田記念と三週連続の優勝は相当なインパクトがあった。ステイゴールドは五勝でフジキセキと並んで三位。フェノーメノの天皇賞・春、ゴールドシップの宝塚記念と四割の二勝がGIレースだ。GI制覇を果たした種牡馬は六頭いるが、そのほかは皐月賞制覇したイスラボニータの父フジキセキ、高松宮記念優勝コパノリチャードの父ダイワメジャー、フェブラリーステークスを快勝したコパノリッキーの父ゴールドアリュールで「種牡馬三強」以外は一勝にとどまっている。

種牡馬を評価する指数にアーニング・インデックス（E・I）という数字がある。期間内のレースの賞金を合計し、出走馬一頭当たりが獲得できる賞金を出す。これに対し、どれだけ稼いでいるかを示すのがE・Iだ。一・〇〇が平均値で、それを超えれば標準以上だ。

七月一三日の時点でJRA全レースを集計した獲得賞金順の種牡馬ランキングは一位がディープインパクト。その数字は三二二頭が一〇二六回出走し、九三頭の勝ち馬が合計一一六勝を挙げた。獲得賞金の合計は三一億四二〇四万三〇〇〇円。気になるE・I

は二・二〇。ディープインパクト産駒は平均的な競走馬に比べ、一頭当たり、二・二〇倍の賞金を稼いでいるということを表している。

ハーツクライは賞金ランク三位でE・Iは二・〇三。ステイゴールドは賞金順七位でE・Iは一・三〇にすぎない。ディープインパクトのライバルとはいえない数字しか残していない。

ところが重賞レースに限るとE・Iは一変する。ディープインパクトが一・八〇なのに対し、ハーツクライは四・〇四、ステイゴールドは二・〇六となる。レベルの高いレースほど好成績を挙げているわけだ。「いい馬が欲しい。できれば重賞レースで活躍するような馬が」。そうした思いが、ハーツクライ、ステイゴールド産駒の人気を押し上げた。

この年のセレクトセール、ハーツクライ産駒で初めて一億円を超える金額で落札されたのが母ピラミマの当歳の牡馬だった。落札額は一億五五〇〇万円（税抜き）。同馬はのちにスワーヴリチャードと名付けられ、栗東の庄野靖志調教師に育てられた。二〇一八年四月には大阪杯で初めてのGⅠ勝利を飾り、二〇一九年一一月にはジャパンカップを制してGⅠ二勝目を挙げた。二〇一九年の有馬記念まで通算一九戦六勝の成績を残し、総賞金は八億九一三二万四〇〇〇円に達している。落札額の六倍近い賞金を稼ぎ、馬主孝行している。

同じく一歳市場に上場番号一番と先頭を切ってパレードリングに上がったのが父ステイゴールド、母レーゲンボーゲンという牡馬だった。五〇〇〇万円で落札され、レインボーラインという馬名をもらい、栗東の浅見秀一調教師の下で競走馬になった。三歳二月のアーリントンカップで重賞初勝利を挙げたが、その後は勝運に恵まれなかった。しかし五歳になって変身する。阪神大賞典で二年一か月ぶりの白星を挙げると、続く天皇賞・春も連勝してみせた。

二〇一四年に完売したハーツクライとステイゴールドの子どもの中には、ちゃんとのちのGⅠ馬がいたのだ。

合作

二〇一九年七月三〇日、ディープインパクトが一七歳の生涯を閉じた。原因は頸椎骨折。まだ働き盛りの若すぎる死だった。

理想のサラブレッドだった。現役時代は皐月賞、ダービー、菊花賞の三冠を含む一四戦一二勝の成績を残し、天皇賞・春、宝塚記念、ジャパンカップ、有馬記念も制し、GIは七勝。種牡馬としても二〇一二年から二〇一九年まで八年連続のリーディングサイアーに輝いた。産駒が残っているため二〇二〇年以降も首位を守ったとしてもおかしくない。

セントライト、シンザン、ミスターシービー、シンボリルドルフ、ナリタブライアン、オルフェーヴル。ディープインパクトを含めると、これまで七頭の三冠馬が誕生しているが、引退後にリーディングサイアーになった三冠馬はディープインパクト以外にはいない。

プロ野球の世界に「名選手必ずしも名監督ならず」という格言があるように競馬の世界では「名競走馬必ずしも名種牡馬ならず」ということができそうだ。そんなジンクスをディープインパクトは軽々と打ち破ってみせた。

競馬界には別の格言もある。「死んだ種馬の子は走る」。種牡馬が死ぬと、なぜか残された産駒が活躍する。父が死んでから二〇二〇年のダービーまでの約一〇か月の間、ディープインパクト産駒は中央競馬の重賞で二七勝を加えた。この中にはワールドプレミアの菊花賞、フィエールマンの天皇賞・春、そしてコントレイルのホープフルステークス、皐月賞、ダービーという五つのＧⅠタイトルが含まれる。ディープインパクトが三冠を制した二〇〇五年は、その父サンデーサイレンスの死から三年後だったことが思い出される。

ダービーをコントレイルが制したことで、ディープインパクト産駒は三年連続のダービー制覇となった。二〇一八年のワグネリアンに始まり、ロジャーバローズ、コントレイルだ。同一種牡馬の産駒がダービーを三連勝したのはシアンモアとサンデーサイレンスに次ぐ三度目の記録。そして二〇一二年のディープブリランテ、二〇一三年のキズナ、二〇一六年のマカヒキを加え、計六頭ものダービー馬を送り出した。これは八七回の歴史を誇るダービーでトウルヌソル、サンデーサイレンスと並ぶ種牡馬別の最多勝記録だ。大レースであればあるほど力を発揮するところが名種牡馬の名種牡馬たるゆえんだ。

ディープインパクトの訃報にショックを受けていたところ、二〇一九年八月九日にはキングカメハメハが死んだ。ディープインパクトの一歳上の一八歳。二〇〇四年のダービー優勝馬で二〇一〇、一一年のリーディングサイアーである。ディープインパクトが首位を守ってきた二〇一八年までの七年間、ずっと二位をキープしてきたのがキングカメハメハだった。日本の生産界は一〇日足らずの間にナンバーワンとナンバーツーの種牡馬を失った。

キングカメハメハのハイライトは二〇〇四年に達成した「変則二冠」だ。三歳の春にNHKマイルカップとダービーという距離の異なる二つのGIレースを制するという快挙を史上初めてやり遂げたのがキングカメハメハだった。芝一六〇〇メートルのNHKマイルカップと芝二四〇〇メートルのダービー。陸上競技なら一〇〇メートルと二〇〇メートルの両種目で金メダルを獲得するような難事だ。四年後にディープスカイが変則二冠で続いたが、その後成功した馬はいない。

二〇〇五年に種牡馬生活に入ったキングカメハメハは着実に成果を上げていった。二〇二〇年五月三一日時点で産駒の中央競馬の重賞勝ち馬は合計五六頭に達した。このうちGI勝ち馬はアパパネ、ローズキングダム、ロードカナロア、ベルシャザール、ホッコータルマエ、レッツゴードンキ、ドゥラメンテ、ラブリーデイ、リオンディーズ、レイデオロ、ミッキーロケットの一一頭を数える。馬名を挙げてみて分かるのは牝馬から短距離馬、ダートホースまで実に多彩な産駒に恵まれていることだ。守備範囲の広い種牡馬であることが証明されている。

先にリーディングサイアーになった三冠馬はディープインパクトまでいなかったと書いた。名競走馬は名種牡馬ならず、とも書いた。それでも、日本ダービー馬になり、同時にリーディングサイアーに輝いた馬はいた。クモハタ、ディープインパクト、そしてキングカメハメハの三頭だ。貴重な三頭のうちの二頭を一度に失った。この喪失感は大きい。

救いがあるとすれば、ディープインパクトとキングカメハメハの両馬から遺伝子を受け継いだサラブレッドがかなりの数、存在することだ。

父ディープインパクト、母の父キングカメハメハという血統を持つＪＲＡの登録馬は三〇頭を超える。一番の活躍馬は二〇一五年生まれのワグネリアンだ。二〇一八年の日本ダービー優勝馬だ。ワグネリアンの次に獲得賞金が多いのは二〇一〇年生まれの牝馬デニムアンドルビーである。重賞勝ちはフローラステークスとローズステークスの二度だが、宝塚記念とジャパンカップというＧⅠで牡馬を相手に二着に食い込んだ走りが記憶に残る。

父キングカメハメハ、母の父ディープインパクトという逆の組み合わせでは、まだ重賞勝ち馬は現れていない。出世頭は二〇一六年生まれの牡馬ブラヴァスだ。母はＧＩのヴィクトリアマイルを二連覇したヴィルシーナで、ブラヴァスは二〇二〇年三月に通算四勝目を挙げ、続いて出走した新潟大賞典でも四着に食い込んだ。

父キングカメハメハ、母の父ディープインパクトという組み合わせが二〇頭あまりなのに対し、父ロードカナロア（その父キングカメハメハ）、母の父ディープインパクトという配合が四〇頭を超えるのは驚きだ。二〇一五年生まれが最初の世代だが、二〇一六年生まれの牡馬ファンタジストは小倉二歳ステークス、京王杯二歳ステークスと二つの重賞レースで白星を飾った。

同じように父ルーラーシップ（その父キングカメハメハ）、母の父ディープインパクトという配合からは菊花賞馬キセキが生まれている。

偉大な存在だったディープインパクトとキングカメハメハ。二頭の死はかえすがえすも残念だが、「ディープとキンカメ」の共同作業による「合作」は辛うじて残った。

復活

二〇一五年八月八日、JRA札幌競馬場で行われたメインレース、札幌日経オープン（芝二六〇〇メートル）で、かつて「ダービー候補」と言われたペルーサ（牡八歳、美浦・藤沢和雄厩舎）が実に五年ぶりの勝ち星を挙げた。

一周目の直線で先頭に立つ積極的なレース運びで長丁場を克服。ゴール前ではタマモベストプレイ、ワールドレーヴなどの追撃を封じ込め、二一戦ぶりの白星を飾った。勝ちタイムは二分三八秒七のコース新記録。従来の記録を〇秒一更新してみせた。初めてコンビを組んだクリストフ・ルメール騎手はゴールすると、左手でガッツポーズをつくった。会心の騎乗となったようだ。ルメール騎手は「後ろで走っているとリラックスしすぎていた。刺激を与える意味で先行させた」とレースを振り返った。少し強引に見えたレース運びも結果的にはルメール騎手の好判断だった。

ペルーサは父ゼンノロブロイ、母アルゼンチンスターとの間に二〇〇七年三月二〇日、北海道の社台ファームで誕生した。ペルーサという馬名はサッカーの名選手ディエゴ・

マラドーナ(アルゼンチン)のニックネームだという。母の馬名アルゼンチンスターからイメージされた。

二〇〇九年一一月、東京競馬場でデビューした。新馬、五〇〇万下と二連勝。三戦目の若葉ステークス(阪神競馬場)ではのちの天皇賞馬ヒルノダムールを半馬身差で下して優勝。デビューから三連勝を飾った。四戦目はダービートライアルの重賞・青葉賞。単勝一・四倍の一番人気に支持されたペルーサは、ここでも楽勝劇を演じる。中団を進み、残り四〇〇メートル付近で先頭に立ち、あとは後続を引き離すばかり。メンバー中最速の上がり三三秒八の末脚で堂々のゴールインを果たした。四馬身差の二着になったのは、その後重賞五勝することになるトゥザグローリーだった。

二番人気で臨んだ第七七回ダービーは優勝したエイシンフラッシュと〇秒五差の六着。これが連敗の始まりとなり、青葉賞の勝ち星が札幌日経オープンで優勝するまでの最後の勝ち星となった。

JRAに残る勝利間隔の従来の最長記録はアドマイヤセナの五年二か月一六日だった。ペルーサの青葉賞は二〇一〇年五月一日。札幌日経オープンは二〇一五年八月八日だったので、その勝利は五年三か月と八日ぶり。ペルーサは勝ちタイムばかりでなく、勝利間隔でも新記録を樹立した。

ペルーサが通算五勝目を挙げるのに苦労したのは出遅れ癖とノドの病気があったせいだ。スタートが苦手で、ここ一番というところでたびたび出遅れた。ノドの手術のため一年七か月あまり実戦から離れたこともあった。それにしても、よくあきらめずに走り続けたものだと思う。

ペルーサが更新できる記録が二つあった。今回のペルーサのように勝利と勝利の間隔が五年以上開いた馬はアドマイヤセナ、リュートハーモニー、アドマイヤコマンド、テングジョウと計五頭を数えるが、過去の四頭はいずれも久々の勝利を最後に引退しており、「次の一勝」を加えることができなかった。

ペルーサに残されていた、もう一つの更新可能な記録というのはダンスインザモアの持つ重賞競走勝利間隔記録だった。

二〇〇二年生まれのダンスインザモアは二〇〇五年三月二〇日、皐月賞トライアルのスプリングステークスを制して重賞勝ち馬になった。しかし、その後は勝ち運に恵まれず、一二連敗した。通算四勝目は二〇〇七年一月一三日のオープン特別、ニューイヤーステークス（中山競馬場）だった。それは一年一〇か月ぶりの勝ち星だった。そこから、また苦難の道が始まる。一六連敗。この間には一年四か月、九か月という長い休養もあった。

迎えた二〇一〇年一一月二〇日の福島記念（福島競馬場）で最後方を進んだ一五頭立て一二番人気のダンスインザモアはメンバー中最速の末脚を繰り出し、見事に優勝を飾った。スプリングステークスから実に五年八か月がたっていた。

ペルーサがダンスインザモアを超えるためには二〇一六年以降に重賞勝ちを収める必要があったが、二〇一五年の札幌日経オープンの後、同年の天皇賞・秋はラブリーデイの七着、ジャパンカップはショウナンパンドラの一七着、年が変わった二〇一六年のダイヤモンドステークスではトゥインクルの一六着に終わり、このレースを最後に現役を引退し、更新可能だった二つの記録は達成できずに終わった。

ペルーサの後にも勝利と勝利の間隔が五年以上あった例が三頭加わった。ダブルイーグル、ルー、ゲネラルプローベだ。しかし、この三頭も「もう一勝」を加えることができず、そのまま現役を引退してしまった。勝てない長い期間を乗り越えて勝利を手にした上で、もう一度、気力と体力を奮い立たせることは相当にむずかしいようだ。

現役を引退したペルーサはその血統と実績を買われ、種牡馬になった。種付け頭数は少ないが、子作りに努めている。二〇二〇年六月二〇日、ペルーサの初年度産駒の中の一頭マラドーナが東京競馬場でデビューした。結果は七着だった。

本命はつらいよ

二〇〇九年八月九日、札幌競馬場ではこの年初めてのJRA二歳重賞となる第四一回函館二歳ステークス（芝一二〇〇メートル）が行われた。

このレースで、ひとつのジンクスにピリオドが打たれた。「一番人気は勝てない」。一四年間続いていたジンクスに終止符を打ったのは、岩田康誠騎手に操られたステラリード（牝、栗東・森秀行厩舎）だった。抜群の手応えで直線を向くと、あっという間に抜け出し、迫るキョウエイアシュラをアタマ差振り切った。

数あるJRA平地重賞のうち、函館二歳ステークスは一番人気がもっとも苦戦していたレースだった。前年までの一四連敗は継続中の連敗記録としてはワーストだった。前回、一番人気が函館二歳ステークスを制したのは一九九四年のダンツダンサー（牝、栗東・山内研二厩舎）。この時は函館競馬場の馬場改修のため、いつもは芝一二〇〇メートルで行われるのがダートの一〇〇〇メートルで行われた。今回も函館競馬場の改築のため札幌競馬場に場所を移して行われていた。イレギュラーな時に限って、一番人気が勝っているようだ。

本来の条件である函館競馬場の芝一二〇〇メートルで優勝した一番人気馬を探すと、一九八五年のダイナアクトレス（牝、美浦・矢野進厩舎）までさかのぼらなければならない。

かつて七夕賞（福島、芝二〇〇〇メートル）は本命馬の鬼門だった。一九七八年にカミノハヤブサ（牡五歳、美浦・鈴木清厩舎）が優勝したのを最後に、一九七九年のファーストアモン（牡三歳、美浦・松山吉三郎厩舎）から二〇〇四年のメジロマントル（牡七歳、美浦・大久保洋吉厩舎）まで二六年間、一番人気が負け続けた。二〇〇五年にダイワレイダース（牡六歳、美浦・松山康久厩舎）が優勝して、ようやく連敗を止めた。この二六連敗がＪＲＡ重賞の一番人気連敗最長記録である。

連敗記録の二番目は天皇賞・秋と中京記念の一八連敗だ。天皇賞がまだ芝三二〇〇メートルで行われていた時代。一九六五年にシンザン（牡四歳、武田文吾厩舎）が勝ったのを最後に一九六六年のセフトウエー（牡四歳、野平省三厩舎）から一九八三年のタカラテンリュウ（牡四歳、美浦・佐々木亜良厩舎）まで一八連敗した。中京記念は二〇〇〇年から二〇一七年まで一八年間、本命馬が勝てなかった。

重賞レースが格付けされ、グレード制が導入された一九八四年、天皇賞・秋の距離も芝二〇〇〇メートルに短縮された。そして不名誉な本命馬の連敗記録に終止符を打ったのは前年の三冠馬ミスターシービー（牡四歳、美浦・松山康久厩舎）だった。優勝タイムの一分五九秒三は当時のコースレコード。それはミスターシービーの生涯最後の勝ち星でもあった。七夕賞の一番人気の連敗を止めたのがダイワレイダース、天皇賞・秋の連敗をストップしたのがミスターシービーとともに松山康久厩舎所属だったのは偶然だろうが、興味深いところだ。

函館二歳ステークスと並び、一四連敗で連敗記録のワースト四位タイだったのがジャパンカップ（東京、芝二四〇〇メートル）である。外国招待馬と日本馬の実力比較が難しく、難解なレースだった。一九八六年のサクラユタカオー（牡四歳、美浦・境勝太郎厩舎）から一九九九年のモンジュー（牡三歳、フランス・ハモンド厩舎）まで勝てず、二〇〇〇年にテイエムオペラオー（牡四歳、栗東・岩元市三厩舎）が優勝して、ようやくジンクスを止めた。

二〇〇〇年から二〇二〇年五月までに、ＪＲＡの平地のＧＩレースは四五五レースが行われた。一番人気は一五七勝を挙げ、勝率は三四・六％に達している。二〇一九年一年間のＪＲＡの平地全レースを調べると、三三三〇レースのうち一番人気が一〇八五勝している。勝率は三二・六％だ。つまりＧＩレースでの一番人気の勝率は全体的な勝率を上回っているのだ。

けれど騎手の立場で考えた場合、やはり一番人気のプレッシャーというのは相当なものだろう。できれば余計な重圧は感じたくないだろう。

二〇〇五年の菊花賞で三冠達成がかかったディープインパクト（牡三歳、栗東・池江泰郎厩舎）の単勝票数は一一二一万八五九九票、金額にして一一億二一八五万九九〇〇円。単勝売り上げ一四億一九三五万八二〇〇円の七九・〇％を占めた。単勝だけでもこれだけの巨額だが、馬券はそのほかにもある。この時の菊花賞一レースの売り上げは二五七億四九五二万九八〇〇円。少なく見積もっても一五〇億円以上の馬券がディープインパクト絡みだったと思われる。

レース後の記者会見で「負けたら向こう正面から帰ろうと思っていました」と武豊騎手は報道陣を笑わせたが、半分冗談で半分は本気だったような気がする。

時計は語る

二〇一四年八月九日、小倉競馬場で行われた「三歳以上五〇〇万下」（現三歳以上一勝クラス）のレースで中央競馬の新記録が塗り替えられた。

一枠一番から飛び出したルベーゼドランジェ（牝四歳、父ゴールドアリュール、母シンコウエンジェル）はライバル九頭を引き連れて逃げ切り勝ち。重馬場のダート一〇〇〇メートルでＪＲＡ新記録となる五六秒九のタイムをマークした。

従来のＪＲＡレコードはやはり小倉競馬場で二〇〇六年七月一五日にマークされたデ

ンコウグラス（牝三歳、栗東・坂口正則厩舎、父グラスワンダー、母タイアカデミー）の五七秒一（やや重）だった。ルベーゼドランジェはこの記録を八年ぶりに〇秒二更新し、史上初めてダート一〇〇〇メートルで五六秒台に突入した。

栗東・小崎憲厩舎に所属するルベーゼドランジェはこの日、デビュー一年目の義英真騎手（一八）が手綱を取っていた。負担重量が三キロ軽減されるルーキーだったため五二キロの負担重量だった。減量の恩恵はあったかもしれないが、重馬場のコースで一二秒〇—一〇秒六—一一秒四—一一秒三—一一秒六というラップを刻んだ。一ハロン（二〇〇メートル）の平均ラップは一一秒三八だった。

ＪＲＡレコードが更新されたのはこの年二度目だった。五月一七日の京都競馬場で都大路ステークスに出走したグランデッツァ（牡五歳、栗東・平田修厩舎、父アグネスタキオン、母マルバイユ）は二着に五馬身差をつける圧勝劇を演じた。芝一八〇〇メートルでマークしたタイムは一分四三秒九（良馬場）。これは二〇〇四年七月一八日にダイタクバートラム（牡六歳、栗東・橋口弘次郎厩舎、父ダンスインザダーク、母スプリングネヴァー）が小倉競馬場で記録した一分四四秒一（良馬場）を一〇年ぶりに〇秒二更新して、芝一八〇〇メートルで初めて一分四三秒台に到達した。

以上二つのレコードは五年たった二〇一九年にもまだ生き続けており、レベルの高い記録だったことがわかる。

勝ち馬予想をする際、先輩記者によく言われたのが「競馬は時計じゃないぞ」という言葉だった。ヒトの陸上競技では日本記録や世界記録は大きなポイントになるが、競走馬はタイムを競うのではなく、勝ち負けを競うもの。ライバルとの駆け引きもあるので、必ずしも速さと強さはイコールではないと教えられた。

だが例外もあると思い始めた。二〇一三年、JRAの二歳レコードを更新した二頭の馬が年が明けた二〇一四年、ともにGIホースへと上り詰めたからだ。

一頭目はミッキーアイル（牡三歳、栗東・音無秀孝厩舎、父ディープインパクト、母スターアイル）だ。二〇一三年一一月二日の京都競馬場の「二歳未勝利戦」に出走し、芝一六〇〇メートルで一分三三秒三（良馬場）というタイムをたたき出した。従来の二歳のJRAレコードは二〇〇六年一二月三日にウオッカ（牝二歳、栗東・角居勝彦厩舎、父タニノギムレット、母タニノシスター）がマークした一分三三秒一（良馬場）。そのタイムを〇秒八も上回る驚異的なレコードになった。ミッキーアイルはこの初勝利で勢いに乗り、そこから五連勝してNHKマイルカップで優勝し、GIタイトルを手にした。

五歳時にもマイルチャンピオンシップで勝ち、二つ目のGⅠ勝利を手にして、引退後は種牡馬になった。

二頭目はイスラボニータ（牡三歳、美浦・栗田博憲厩舎、父フジキセキ、母イスラコジーン）だ。イスラボニータが二歳のJRAレコードを記録したのは二〇一三年一一月一六日に東京競馬場で行われた重賞・東京スポーツ杯二歳ステークス。好位置から抜け出したイスラボニータは芝一八〇〇メートルで一分四五秒九（良馬場）を記録した。それまでの記録は前年に同じ東京スポーツ杯二歳ステークスでコディーノ（父キングカメハメハ、母ハッピーパス）が出した一分四六秒〇（良馬場）だった。ご存じのようにイスラボニータは翌年、皐月賞馬になり、ダービーでもワンアンドオンリーと壮絶な競り合いを繰り広げ、二着に惜敗した。その後もセントライト記念、マイラーズカップ、阪神カップと重賞勝ちを加え、こちらもミッキーアイルと同様に引退後は種牡馬になることができた。

イスラボニータが持っていたJRAレコードは六年後に塗り替えられた。しかも一挙に一秒四も短縮する一分四四秒五だった。新しい記録保持馬はコントレイル（牡二歳、栗東・矢作芳人厩舎、父ディープインパクト、母ロードクロサイト）だ。デビュー二戦目の東京スポーツ杯二歳ステークスで二着に五馬身差をつけた。コントレイルはその後、ホープフルステークス、皐月賞、ダービーを制し、無傷の五連勝で二冠馬になったのは、ご存じの通りだ。

改めて調べてみると、JRAレコードほどでなくても二歳のコースレコードを更新している馬に、のちのGI馬が多いことがわかる。先に名前の出てきたウオッカのほかゴールドシップ、ナリタブライアン、アパパネなどが二歳時にコースレコードを更新している。どうやら二歳馬に関しては「競馬は時計じゃない」は当てはまらないようだ。

不良のダービー

二〇〇八年九月七日に行われた第二八回新潟二歳ステークスは一番人気のセイウンワンダー（牡二歳、栗東・領家政蔵厩舎）が優勝した。予想したより後方からのレースになってしまったが、岩田康誠騎手は想定外の出来事にも慌てることなく、馬場の大外に出して、セイウンワンダーの末脚を見事に引き出した。

勝ちタイムは一分三五秒四。新潟二歳ステークスが一六〇〇メートルで行われるようになった二〇〇二年以降、もっとも遅い優勝タイムだった。一七年後の二〇一九年でも史上二番目に遅い勝ち時計だ。

優勝タイムが遅くなったのには、はっきりとした理由がある。この日は雨の影響で第一レースから、芝・ダートとも「不良」のコンディションだったのだ。新潟競馬場は水はけのいいことで知られる。「日本一の芝コース」と呼ばれることもあり、めったに不良馬場になることはない。

調べてみると、新潟競馬場の芝コースが不良馬場になったのは、二〇〇六年八月一二日以来のことだった。約二年ぶり。さらにさかのぼって、新潟競馬場の芝の重賞レースで不良馬場になったのはいつだったかを調べてみると、なんと一九八九年九月の新潟三歳ステークス（現新潟二歳ステークス）だということがわかった。二〇〇八年の新潟二歳ステークスに出走した一五頭は二〇年に一度あるかないかという珍しい状況でレースを迎えたのだ。

改めて振り返ってみると、最近の馬場は雨に強くなったと痛感する。「泥田のような」とか「どろどろの」という形容をしていた芝の不良馬場が、今では天然記念物のようにたまにしか見られないようになった。

二〇〇〇年以降、二〇一九年六月までの期間で、芝の重賞レースが不良馬場で行われたのは、わずかに三八レースである。GIレースは九レース。ジャスタウェイが優勝した二〇一四年の安田記念や、キタサンブラックが勝った二〇一七年秋の天皇賞などが思い出される。

これを年ごと、競馬場ごとにまとめてみた。

現在、中央競馬の芝の重賞レースは年間一一四レースある。二〇一八年は一度も不良馬場になったことはなく、二〇〇四年から二〇〇八年まで五年連続して、不良馬場の出現回数は年一回。いかにJRAの競馬場のコースコンディションが良好に保たれているのかがわかる。

東京競馬場の馬場管理の方法を取材したことがある。東京競馬場では、コースの内側を中心に約三万平方メートルの芝生の養成地がある。ここで向こう三年分の芝を育てる。コースが大きなダメージを受けた場合は、養成地から土ごと切り取って傷ついた場所に移植を行う。

東京競馬場の芝コースは一周約二〇八〇メートル。面積は約一〇万平方メートルになる計算だ。サッカー場なら一三面分にあたる広さをすべて人力で管理している。四五人の係員が連日、丹精込めて手入れして初めて、競馬の開催に耐え得る強い芝が作られている。

そこで日本ダービーの馬場状態を調べてみた。戦後、昭和の時代に不良馬場で行われたダービーは五回。一九五〇年（優勝馬クモノハナ）、一九五五年（オートキツ）、一九五九年（コマツヒカリ）、一九六五年（キーストン）、そして一九六九年（ダイシンボルガード）だった。

次にダービーが不良馬場で行われたのはダイシンボルガードから四〇年たった二〇〇九年だった。この日五月三一日の東京競馬場は曇っていた。初めて芝を使った午前一一時三五分発走の第四レースはやや重の発表。だが午後一時ごろから雨が降り始め、午後三時前にはゲリラ豪雨のような土砂降りになった。午後二時一〇分発走の第八レース青嵐賞（芝二四〇〇メートル）は重馬場だったのが、午後二時五〇分発走の第九レースのむらさき賞（芝一八〇〇メートル）は不良馬場へと短時間で悪化した。そして第一〇レースの日本ダービーは午後三時四〇分、不良馬場でスタートした。

四〇年ぶりに不良馬場で行われた日本ダービーを制したのは横山典弘騎手が手綱を取った二番人気のロジユニヴァース（牡三歳、美浦・萩原清厩舎）だった。一番人気で臨んだ皐月賞では一四着と期待を裏切ったが、鮮やかに復活した。ロジユニヴァースの復活は茨城県美浦村を本拠にする「関東馬」の復権でもあった。

日本ダービーは一九九七年のサニーブライアンを最後に関東馬の優勝はなく、滋賀県栗東市にベースを置く「関西馬」が連勝していた。関東馬の一二年ぶりのダービー制覇と四〇年ぶりの不良馬場が重なった。その二年後のダービーも不良馬場で行われ、のちに史上七頭目の三冠馬になるオルフェーヴル（牡三歳、栗東・池江泰寿厩舎）が優勝した。

共通点を探す

同じようなことが別々の場所で同時に起きることがある。

二〇一四年九月七日、JRA小倉競馬場では第三四回小倉二歳ステークスが行われた。逃げたリッパーザウィンが粘ろうとするところ、ゴール前で後続が一気に殺到。一五番人気の伏兵オーミアリス（牝二歳、栗東・藤沢則雄厩舎）が一番人気のレオパルディナをハナ差捉えて優勝。レオパルディナから四分の三馬身遅れた三着にはスノーエンジェルが突っ込んだ。この上位三頭に共通するのは、いずれも「牝馬」であること。一七頭立てで行われた小倉二歳ステークスには九頭の牝馬が出走していたが、見事に上位独占を果たした。

出走資格で性別を問わない平地重賞レースで牝馬が上位三着までを独占したのはこの年二度目。二月に京都競馬場であったシルクロードステークス以来だった。この時は一着がストレイトガール（牝五歳）、二着がレディオブオペラ（牝四歳）、三着がリトルゲルダ（牝五歳）という結果だった。

よく言われるのは「マイル（一六〇〇メートル）までなら牝馬も牡馬と互角以上の勝負ができる」だ。小倉二歳ステークス、シルクロードステークスはともに芝の一二〇〇メートルで争われた。格言を証明する内容だった。過去の中央競馬のGIレースを振り返ってみても、タカラスチール、パッシングショット、シンコウラブリイ、ノースフライト、ブルーメンブラットが芝一六〇〇メートルのマイルチャンピオンシップを制し、ダイイチルビー、ノースフライト、ウオッカ、グランアレグリアが安田記念（芝一六〇〇メートル）で優勝。三歳馬が競うＮＨＫマイルカップ（芝一六〇〇メートル）でもシーキングザパール、ラインクラフト、ピンクカメオ、メジャーエンブレム、アエロリットが勝ち、スプリンターズステークス（芝一二〇〇メートル）ではダイイチルビー、ニシノフラワー、フラワーパーク、ビリーヴ、アストンマーチャン、スリープレスナイト、カレンチャン、ストレイトガールと実に八頭が栄冠に輝くなど牝馬が素晴らしい実績を残している。

小倉二歳ステークスの一〇分後、新潟競馬場では第五〇回新潟記念がスタートした。最後の直線はハンデ戦らしい横一線の混戦になり、一着マーティンボロ、二着クランモンタナ、三着ラストインパクトという決着になった。この上位三頭に共通するのは「ディープインパクト産駒」ということだった。同じ日に行われた重賞レースは、ともに共通点のある三頭が上位を独占するという結果になった。リーディングサイアーのディープインパクトにとって重賞で産駒が上位三着までを独占するのはこの年二度目。マイラーズカップで一着ワールドエース、二着フィエロ、三着エキストラエンドが記録して以来で通算六度目の記録だった。しかしディープインパクトはすでに上位四頭独占という記録も二度記録している。二〇一二年の京都新聞杯（トーセンホマレボシ、ベールドインパクト、エキストラエンド、ククイナッツレイ）と同年のローズステークス（ジェンティルドンナ、ヴィルシーナ、ラスヴェンチュラス、キャトルフィーユ）である。新潟記念にはほかにも四頭のディープインパクト産駒が出走していたが、七、八、九、一二着に終わり、自己記録更新とはならなかった。

その後、二〇一五年のファンタジーステークスでも上位四頭独占という三度目の記録を達成した。この時は一着キャンディバローズ、二着メジェルダ、三着ブランボヌール、四着ワントゥワンと一二頭中四頭出走していたディープインパクト産駒が「完全制覇」ともいえる内容だった。面白いのは、この上位四頭が一分二一秒九（京都競馬場芝一四〇〇メートル）という同タイムでゴールしていること。四頭の着差はアタマ、クビ、ハナだった。四着のワントゥワンに続いてクビ差の五着でゴールしたのはダイワメジャー産駒のタガノヴィアーレで走破タイムは一分二二秒〇だった。

ディープインパクト産駒の強さには驚かされるが、上には上がいるものだ。怪物種牡馬サンデーサイレンスは二〇〇五年のクイーンステークスでとんでもない記録を残している。上位六頭独占だ。レクレドール、ヘヴンリーロマンス、チアフルスマイル、デアリングハート、エルノヴァ、フィヨルドクルーズが順にゴールしている。桜花賞馬ダンスインザムードも出走していたが惜しくも八着。あと一つ着順が上なら上位七頭独占だった。

小倉二歳ステークスと新潟記念には、上位三頭が共通点を持つという以外に、別の点でも同じことが起こった。オーミアリスの国分優作騎手（二三）、マーティンボロのナッシュ・ローウィラー騎手（三九、オーストラリア）がともにJRA重賞初勝利だったことだ。

これだけのことが事前にわかっていれば、かなりの確率で当たり馬券にたどり着けるはずだが、こういうことは後から気づくものらしい。そんなことを考えながら、翌週の重賞レースをながめていたら、セントウルステークスはリトルゲルダ、京成杯オータムハンデはクラレントがそれぞれ優勝した。振り返ってみれば、両馬とも前走に続く重賞二連勝。またまた共通点が見つかった。しばらくはこの共通点探しに明け暮れることになりそうだ。

春

冬 # III Autumn 夏

秋

追加登録

二〇一七年九月一八日に中山競馬場で行われた第七一回セントライト記念は二番人気のミッキースワロー（牡三歳、美浦・菊沢隆徳厩舎）が優勝した。二着のアルアイン、三着のサトノクロニクルとともに一〇月二二日に京都競馬場で行われる第七八回菊花賞の優先出走権を獲得した。

しかし出走には追加登録が必要だ。ミッキースワローは成長が遅れていたため、三冠レースの第一回と第二回の特別登録を行っていなかったのだ。

皐月賞、ダービー、菊花賞、桜花賞、オークスの五大クラシックレースは通常、出走までに三回の特別登録が必要だ。二〇一七年の三歳世代の場合、第一回特別登録は二〇一六年一〇月二八日（金）正午、第二回特別登録は二〇一七年一月二七日（金）正午に締め切られた。第三回の最終登録は各レースの二週間前に行われる。登録料は第一回が一万円、第二回が三万円、最終登録が三六万円で三回の登録料の合計は四〇万円だ。

古くから踏襲されてきた、このクラシックレースの登録制度だが、オグリキャップの登場などで疑問視する声が高まった。一九八五年に生まれたオグリキャップは地方・岐阜の笠松競馬場出身だったため、中央競馬のクラシックレースのことなど当初は視野に入っていなかった。だが一九八八年、三歳の春に中央競馬に移籍すると連戦連勝。皐月賞、ダービーに出走していたら、好勝負になっていただろうと言われた。実力がありながら、登録をしなかったばかりにクラシックレース出走の機会さえ与えられない不運をなくすために導入されたのが追加登録制度だ。一九九二年のことだった。

正規の手続きを踏めば、合計四〇万円の登録料で済むが、追加登録は最終登録の時に二〇〇万円を支払う。五倍の登録料だが、追加登録でダービーを優勝することができれば、本賞金は二億円。一〇〇倍になって返ってくる。海外の例では追加登録料はもっと高額だ。二〇一七年のフランス・凱旋門賞の場合、一着賞金は二八五万七〇〇〇ユーロ（約三億七〇〇〇万円）で追加登録料は一二万ユーロ（約一五〇〇万円）となっている。こちらも優勝すれば、二〇倍以上の見返りがある。追加登録料を支払って凱旋門賞に出走した場合、少なくとも五着にならないと追加登録料を回収することはできない。

一九九二年に制度ができてから初めて追加登録でクラシックレースに出走したのはウイーンコンサートという牝馬だった。一九九二年の桜花賞に出走して一〇着だった。天皇賞馬サクラユタカオーを父に持つウィーンコンサートはデビューが三歳の二月二九日と遅かった。このデビュー戦を六馬身差の圧勝で飾ると、二戦目は重賞のフラワーカップだった。ウィーンコンサートは先手を奪い、二着に逃げ粘った。そこでチャンスありと見て、三戦目に桜花賞を選んだ。桜花賞でも四コーナーまで先頭を守ったが、直線入り口で優勝したニシノフラワーに競り落とされた。

追加登録を初めて優勝に結びつけたのは、一九九九年の皐月賞を制したテイエムオペラオーだ。二歳八月のデビュー戦は二着に終わり、その後故障。年明けの休み明け二戦目で初勝利を飾ると、ゆきやなぎ賞、毎日杯と三連勝で重賞ウイナーとなった。ここで皐月賞の追加登録をして三冠レースの第一関門を勝利で突破した。追加登録制度ができて八年目での成功例となった。

一九九二年の導入後、二〇〇六年を除き、毎年最低一頭は追加登録がある。テイエムオペラオーの後、追加登録を勝利に結びつけたのは五頭。二〇〇二年桜花賞のアローキャリー、二〇〇二年菊花賞のヒシミラクル、二〇一三年オークスのメイショウマンボ、二〇一四年菊花賞のトーホウジャッカル、二〇一五年菊花賞のキタサンブラックだ。ダービーだけはまだ追加登録馬の優勝がなく、二〇〇七年にサンツェッペリンが四着になったのが最高の成績だ。

優勝した中で、もっともドラマチックだったのがヒシミラクルだろう。追加登録した上で、収得賞金で並んでいた八頭の中から三頭の抽選を通過して出走枠を獲得。レースは一番人気の皐月賞馬ノーリーズンが落馬で競走中止する予想外の展開。ゴールでは二着のファストタテヤマとハナ差という接戦だった。針の穴を通すように困難をくぐり抜け、ついにつかんだGⅠタイトルだった。

ヒシミラクルは二〇〇一年八月に小倉競馬場でデビューした。デビュー戦は一三頭立ての七着で一着馬からは一秒一遅れてゴールした。その後、一一月までに阪神、京都競馬場でレースを重ねたが、二歳時は七戦〇勝の成績で終わった。初勝利を挙げたのは三歳になって三戦目。五月二六日に中京競馬場であった三歳未勝利戦に臨み、二着馬に三馬身差をつける完勝だった。デビューから一〇戦目にして待望の初白星を挙げた。同じ日、東京競馬場ではタニノギムレットがダービーを制し、ヒシミラクルなどを含む一九九九年生まれの頂点に立っていた。そんな遅咲きのヒシミラクルが五か月後の菊花賞で優勝するのだから痛快だ。ヒシミラクルは四歳時に天皇賞・春と宝塚記念にも勝ち、菊花賞と合わせ、GⅠ三勝の成績を残した。

冒頭のミッキースワローは二〇〇万円の追加登録料を支払って菊花賞に出走した。セントライト記念の勝ちっぷりの良さから単勝オッズ五・二倍の三番人気に支持されたが、優勝したキセキの六着に終わった。ヒシミラクル、トーホウジャッカル、キタサンブラックに次ぐ四頭目の追加登録での菊花賞制覇はならなかった。

六歳牝馬

二〇一五年一〇月四日、六歳牝馬のストレイトガール（栗東・藤原英昭厩舎）がスプリンターズステークスを制した。五月のヴィクトリアマイルに次ぐ二つ目のGⅠタイトルだった。

この勝利によって、ストレイトガールはかつてない大記録を達成した。その記録とは「六歳牝馬によるGⅠレース年間二勝」だ。

一九八四年、中央競馬にグレード制度が導入された。重賞レースの格付けが行われ、距離別体系が整備された。しかし、グレード制度導入後四〇年ちかくたったにもかかわらず、六歳牝馬がGIレースで優勝したケースは数少ない。ストレイトガール以前に、ただ一頭優勝したのが一九八九年ジャパンカップでのホーリックスである。ホーリックスとストレイトガール。GIタイトルに輝いた六歳牝馬はたったの二頭なのである。

今も名勝負として語り継がれる第九回ジャパンカップは武豊騎手のスーパークリーク、南井克巳騎手（現調教師）のオグリキャップと日本馬が一、二番人気を占めた。海外からは米国のペイザバトラー、ホークスター、英国のイブンベイらの実績馬が参戦した。ただ一頭南半球から来日したのがニュージーランドのホーリックスだった。豪華な出走メンバーに導かれ、当日の東京競馬場には九回目で同レース史上最多となる一四万八二四人の観客が集まった。

レースはとてつもないハイペースで進んだ。四番ゲートからスタートし、先頭を奪ったイブンベイがつくり出すラップはスタートから二〇〇メートルごとに一三秒〇―一一秒一―一一秒五―一一秒四―一一秒五―一二秒〇。一二〇〇メートル通過が一分一〇秒五。その後もペースは落ちることなく、一二秒〇―一一秒六―一一秒七と続いた。一八〇〇メートル通過は一分四五秒八、二〇〇〇メートルのそれは一分五八秒〇だった。

当時の東京競馬場の芝一八〇〇メートルのコースレコードはサクラユタカオーが持っていた一分四六秒〇。そしてジャパンカップの約一か月前、スーパークリークが制した天皇賞・秋の優勝タイムが芝二〇〇〇メートルで一分五九秒一だった。当時の日本のトップクラスの記録を上回るペースで進んだレースはしかし、残り四〇〇メートルを切っても先頭集団が持ちこたえた。

イブンベイに代わって先頭に躍り出たのが三番手にいたホーリックスだった。そのホーリックスを目がけて追いすがったのが五番手を進んだオグリキャップだった。二頭の競り合いはゴールまで続いた。クビ差の接戦を制したのはホーリックス。優勝タイムは芝二四〇〇メートルで二分二二秒二。従来のレコードを一気に二秒七も更新する大記録となった。

南半球からの参戦が一頭だけだったため、検疫の関係もあって、ホーリックスは調教も一頭だけで行っていた。関係者はホーリックスが寂しがらないようにと、馬房の中に鏡を置いた。鏡の中の自分を見て、「一頭じゃない」と思わせたエピソードは有名だ。

日本馬として初めてGⅠを制した六歳牝馬となったストレイトガールが初めてGⅠタ

イトルを獲得した二〇一五年のヴィクトリアマイルもまた伝説のレースになった。三連単の払い戻しは、当時も二〇一九年終了時点でも、ＪＲＡの重賞史上最高額であり、全レースを含めても歴代五位にランクされる。

改めて振り返るとヴィクトリアマイルは一着のストレイトガールも二着のケイアイエレガントも六歳牝馬。過去のＧⅠレースでの戦績を知っていれば余計に予想もできない組み合わせだ。六歳牝馬がＧⅠレースで連対した例は六例あったが、いずれも波乱の決着になっている。

二〇〇九年のエリザベス女王杯では一二番人気のテイエムプリキュアが二着に粘って、馬連は一〇万二〇三〇円、三連単一五四万五七六〇円の払い戻し。一九九三年の安田記念では一四番人気のイクノディクタスが二着になり、馬連は六万八九七〇円だった。

ストレイトガールは翌二〇一六年も現役生活を続け、七歳の五月にヴィクトリアマイルで優勝。七歳牝馬初のＧⅠ優勝、史上二頭目のヴィクトリアマイル二連覇という記録を達成した。結局、このレースがストレイトガールの現役最終戦となった。

天皇賞・秋が行われた一〇月三〇日の最終レース終了後に東京競馬場でストレイトガールの引退式が行われた。最後の勝利となったヴィクトリアマイルの時と同じゼッケン一三番を着け、主戦だった戸崎圭太騎手が手綱を取り、直線を駆け抜けた。通算三一戦一一勝。GⅠは三勝した。

父フジキセキ、母ネヴァーピリオド、母の父タイキシャトルという血統のストレイトガールは、二〇一六年一二月に英国に渡り、繁殖牝馬になった。二〇一七年春、フランケルと交配され、翌二〇一八年、初子（牡）を出産した。

二歳でデビューし、六歳、七歳でGⅠを制した息の長い活躍をしたストレイトガールが繁殖牝馬として、どんな子どもたちを送り出してくれるのか。早ければ二〇二〇年にも競走馬となる初年度産駒の走りをまずはとくと見てみたいと思う。

本命

二〇一六年一〇月一〇日に京都競馬場で行われた第五一回京都大賞典（GⅡ、芝二四

○○メートル）は単勝一・八倍という圧倒的な一番人気に支持されたキタサンブラック（牡四歳、栗東・清水久詞厩舎）が優勝した。

通算七勝目。重賞は二〇一五年のスプリングステークス、セントライト記念、菊花賞、二〇一六年の天皇賞・春に続く五勝目となった。

キタサンブラックは不思議な競走馬だ。菊花賞、天皇賞・春と二つのビッグタイトルを持っているにもかかわらず、それまでの一一戦で、一度も一番人気になったことがなかった。京都大賞典はデビュー一二戦目にして初めて本命馬として迎えたレースだった。二〇一五年一月三一日に東京競馬場で迎えたデビュー戦は一六頭立ての三番人気だった。芝一八〇〇メートルで行われたレースでは、後方を進み、ゴール前は外側をしぶとく伸び、先頭でゴールした。

レース後の記念撮影にはオーナーの歌手・北島三郎さんの姿があった。「新馬を勝つような馬はその後も楽しみなんだ」とおっしゃっていたのを昨日のことのように思い出す。清水調教師の話も印象に残っている。「僕にも調教できるぐらいおとなしい性格なんですよ」。キタサンブラックの穏やかな気質はデビュー前からのものだった。

父はブラックタイド。米国産の父サンデーサイレンスとアイルランド産の母ウインドインハーヘアとの間に二〇〇一年に誕生した。あのディープインパクトとまったく同じ両親を持つ一歳年上の兄という血統だ。キタサンブラックの母はシュガーハート。二〇〇五年に父サクラバクシンオー、母オトメゴコロとの間に生まれた。競走馬になることを目標にしたが、レースに出走することはなく、そのまま繁殖牝馬になった。

キタサンブラックが実績の割に人気にならない理由は、この母方の血統にある。母の父サクラバクシンオーという点で、どうしても距離の限界を感じさせてしまうのだ。サクラバクシンオーは日本競馬が生んだ最高のスプリンター（短距離ランナー）の一頭だ。通算二一戦一一勝。一二〇〇メートルと一四〇〇メートルのレースで一二戦一一勝とすべての勝ち星を挙げ、一九九三年と一九九四年にGIのスプリンターズステークス（中山競馬場、芝一二〇〇メートル）を二連覇した。スピードの権化というような存在だった。

母の父にサクラバクシンオーを持つ競走馬で、二〇〇〇メートル以上の平地重賞で勝ったことがあるのは、キタサンブラックを除けば、アデイインザライフ一頭のみだ。アデイインザライフは二〇一六年九月の第五二回新潟記念（芝二〇〇〇メートル）で優勝した。

父にサクラバクシンオーを持つ競走馬となると、さらに距離に限界を見せる。一八〇〇メートル以上の重賞で勝ち星を挙げたのはメジロマイヤー一頭だけである。メジロマイヤーは三歳だった二〇〇二年に京都競馬場の芝一八〇〇メートルで行われた第四二回きさらぎ賞を制し、七歳時の二〇〇六年に小倉競馬場の芝一八〇〇メートルを舞台にした第四〇回小倉大賞典で逃げ切り勝ちを収めている。

このような血統背景を持つキタサンブラックが、三〇〇〇メートルの菊花賞や三二〇〇メートルの天皇賞・春をこなしていくのには、いつも驚かされていた。

ただ興味深いデータもある。長距離戦である障害レースでのサクラバクシンオー産駒の好成績だ。一九九七年に生まれたブランディスは平地で三勝を挙げた後に障害に転向。その初戦こそ四着に終わったが、二戦目で障害初勝利を挙げるとジャンパーとしての才能を発揮。ついには二〇〇四年に第一二六回中山大障害と第六回中山グランドジャンプという二つのJ・GIを制した。ほかにもサクラバクシンオー産駒のエーシンホワイティが重賞の新潟ジャンプステークスを含め障害レースで計六勝を挙げるなど計一六頭が障害レースで勝利を挙げている。

勝っても人気にならないキタサンブラックと対照的に、負けても人気の落ちなかった競走馬がブエナビスタ（牝、栗東・松田博資厩舎）である。二〇〇六年生まれ。父は一九九八年の日本ダービーなどを制したスペシャルウィーク、母は一九九五年の二歳女王ビワハイジという、ともにGIタイトルを持つ両親から誕生した。

二〇〇八年一〇月のデビューから二〇一一年一二月の有馬記念まで国内で二一戦九勝の成績を残した名牝は、デビューから一九戦目の天皇賞・秋まで一九戦連続で一番人気に支持された。これが二〇二〇年五月現在での一番人気の最多連続記録である。

そのブエナビスタの初子である牝馬コロナシオンが二〇一六年一〇月一六日に京都競馬場でデビューを果たした。父はチャンピオンサイアーのキングカメハメハ。これ以上ない良血馬だ。当然のように一番人気に支持された。

芝一八〇〇メートルは一〇〇〇メートル通過が一分三秒一というスローペースになった。一〇頭立ての八番手で進んだコロナシオンだったが、残り二〇〇メートルあたりでルメール騎手に促されると一気に加速。前で粘り込みを図るライバルたちをなぎ倒すようにかわし、先頭でゴールした。推定の上がり六〇〇メートルのタイムは三三秒八。その切れ味は間違いなく母譲りだった。

しかし、この勝利がコロナシオンにとっては最初で最後の白星になった。その後、一一戦して勝ち星を挙げることはできず、現役を引退した。

ブエナビスタはコロナシオン以降も産駒を送り出し、二〇一九年までにソシアルクラブ（牝）は三勝、タンタラス（牝）は二勝を挙げている。

ム・ユ・ヨ

二〇一四年一〇月一九日に京都競馬場で行われた第一九回秋華賞はディープインパクトの娘ショウナンパンドラ（牝三歳、栗東・高野友和厩舎）が優勝した。母キューティゴールド（二〇〇四年生まれ、父フレンチデピュティ、母ゴールデンサッシュ）は、ステイゴールドの一〇歳年下の半妹という血統。スノードラゴンがスプリンターズステークスを制するなど、この牝系は二〇一四年に活躍した。

それにしても惜しかったのはクビ差の二着だったヌーヴォレコルトだ。ファビラスラフインが一九九六年の第一回でマークした一分五八秒一（芝二〇〇〇メートル）を一秒一も更新する一分五七秒〇という好時計で走りながら、オークスに次ぐＧＩ二勝目はかなわなかった。スタート直後に挟まれ、最後の直線に向いたところで内側の馬とぶつかった。何の不利もなく内の最短コースを走ったショウナンパンドラに対し、ヌーヴォレコルトは二回ほど不利を受けた。その少しの差がクビ差になった。ヌーヴォレコルトの斎藤誠調教師は「これが競馬ですね」と話した。まったく、その通りで、この日は運に恵まれなかった。

ヌーヴォレコルトについて、以前から調べなければならないと考えていたことがあった。それは「馬名がヌで始まる初めてのＧＩ優勝馬ではないか」ということだった。オークス優勝直後に、そんな情報に触れた。確かめることなく、放っておいたが、秋華賞を機会に調べてみた。結論からいうと、情報は正しかった。

二〇二〇年五月末時点で、改めて障害レースを除いた中央競馬のＧＩ優勝馬を馬名順に分類してみた。その数四六三頭。一九八四年にスタートしたグレード制が三六年あまり年をへて、これだけの数のＧＩ馬を送り出した。

【ア】アーモンドアイなど三四頭　【イ】イナリワンなど九頭
【ウ】ウオッカなど一二頭　【エ】エルコンドルパサーなど二二頭
【オ】オルフェーヴルなど七頭　【カ】カンパニーなど八頭
【キ】キタサンブラックなど一二頭　【ク】クロフネなど一三頭
【ケ】ケイティブレイブなど二頭　【コ】ゴールドシップなど一四頭
【サ】サクラバクシンオーなど二七頭　【シ】ジャスタウェイなど三二頭
【ス】スティルインラブなど二三頭　【セ】ゼンノロブロイなど五頭
【ソ】ソウルスターリングなど二頭　【タ】タイキシャトルなど三六頭
【チ】チョウカイキャロルなど二頭　【ツ】ツルマルボーイ一頭
【テ】ディープインパクトなど一五頭　【ト】トウカイテイオーなど一四頭
【ナ】ナリタブライアンなど四頭　【ニ】ニッポーテイオーなど四頭
【ヌ】ヌーヴォレコルト一頭　【ネ】ネオユニヴァースなど二頭
【ノ】ノースフライトなど六頭　【ハ】ハーツクライなど一一頭
【ヒ】ビワハヤヒデなど一三頭　【フ】ブエナビスタなど二六頭
【ヘ】ベガなど六頭　【ホ】ホーリックスなど四頭

【マ】マヤノトップガンなど一六頭　【ミ】ミスターシービーなど八頭
【メ】メジロマックイーンなど一五頭【モ】モンテファストなど六頭
【ヤ】ヤマニンゼファーなど五頭　【ラ】ライスシャワーなど一〇頭
【リ】リアルインパクトなど七頭　【ル】ルグロリューなど二頭
【レ】レガシーワールドなど一五頭　【ロ】ロードカナロアなど九頭
【ワ】ワグネリアンなど四頭

ここまでお読みいただいて、お気づきになった方がいらっしゃるでしょうが、「ヌ」のほかにも「ツ」で馬名が始まるGＩ馬は一頭しかいない。一九八四年にグレード制度が導入されて以来三六年がたつが、「ム」「ユ」「ヨ」で始まる馬名を持つGＩ馬はまだ誕生していない。「ユ」キノビジンは一九九二年の桜花賞、オークスでいずれも二着に終わり、あと一歩でGＩのタイトルに手が届かなかった。「ム」ービースターは一九九二年秋の天皇賞でレッツゴーターキンの二着だった。

二〇一四年にはヌーヴォレコルトがオークスを制して初めて「ヌ」で始まる馬名のGＩ馬となったが、二〇一八年はケイアイノーテックがＮＨＫマイルカップを制して、初めて「ケ」で始まるＧＩ馬になったと思ったら、一一月には初めて中央競馬の競馬場で開催されたＪＢＣクラシックで「ケ」イティブレイブが一着となり、一気に二頭のＧＩ馬を送り出すことになった。

馬名を付けるのはむずかしい。時代を重ねるごとに選べる範囲は狭まる。古くはニジンスキーやミスターシービー、さらにエルコンドルパサーは、それ以前に同じ馬名を持つ馬が存在した二代目であることはよく知られている。十数年前に「ライスラボニータ」という馬がいたのも似たような例だ。最近、フランス語やイタリア語の馬名が増えてきた。英語馬名が煮詰まってきた証拠でもある。

チャンレンジ精神旺盛な馬主さん、まだ達成されていない「ム」「ユ」「ヨ」で始まる命名をして、初めてのＧＩ制覇に挑んではいかがでしょうか。

ヘビ年の法則

二〇一三年一〇月二〇日に京都競馬場で行われた第七四回菊花賞は、エピファネイア(牡三歳、栗東・角居勝彦厩舎)が二着のサトノノブレスに五馬身差をつける圧勝で終わった。

皐月賞では一分五八秒一(中山競馬場芝二〇〇〇メートル)の好タイムで走りながら、ロゴタイプに半馬身差をつけられて二着。ダービーではゴール寸前でキズナにかわされて、これまた半馬身差の二着に終わっていた。

エピファネイアのように皐月賞、ダービーでともに二着になり、菊花賞に出走したケースは過去に八度あった。古い順に挙げるとイッセイ(一九五一年)、キタノオー(一九五六年)、カツラシユウホウ(一九五八年)、グレートヨルカ(一九六三年)、ダイコーター(一九六五年)、ワカテンザン(一九八二年)、ビワハヤヒデ(一九九三年)、ダンツフレーム(二〇〇一年)となる。このうちキタノオー、グレートヨルカ、ダイコーター、ビワハヤヒデの四頭が菊花賞で優勝し、見事に春の雪辱を果たした。

エピファネイアはこうしたケースで優勝した史上五頭目の菊花賞馬になったわけだが、同じケースで優勝した二〇年前のビワハヤヒデも二着のステージチャンプに五馬身差をつけての圧勝だった。偶然なのだろうが、騎手が「これでもか」いう気迫で春の悔しさをぶつけた結果だという気もする。

「ヘビ年（巳年）の法則」はこの年も健在だった。ここでいうヘビ年の法則とは、僕が勝手に命名したものだが、ヘビ年の三冠レースはなぜか勝ち馬がバラバラになっている。

前回の二〇〇一年は皐月賞がアグネスタキオン、ダービーがジャングルポケット、菊花賞はマンハッタンカフェがそれぞれ優勝している。一九八九年はドクタースパート、ウィナーズサークル、バンブービギン、一九七七年はハードバージ、ラッキールーラ、プレストウコウ、一九六五年はチトセオー、キーストン、ダイコーター、一九五三年はボストニアンが皐月賞とダービーの二冠に輝き、ヘビ年の法則は崩れている。一九六五年以降、三冠レースの勝ち馬がすべて異なるというヘビ年の法則は続き、今回も継続された。一二年後の二〇二五年がどうなるか、今から楽しみだ。

二〇一三年は菊花賞が行われる前にヘビ年の法則が確定していた。皐月賞馬ロゴタイプは秋の進路を天皇賞に定め、早くから菊花賞への出走をあきらめていた。
ダービー馬キズナは矛先をフランスに向けた。九月のニエル賞では同期の英国ダービー馬ルーラーオブザワールドの追い込みを封じて快勝。続く凱旋門賞でも積極的なレース運びで四着に食い込む健闘を見せた。

菊花賞の出馬登録が締め切られた時点でロゴタイプとキズナの名前はなく、三冠レースの勝ち馬がバラバラになることは決まっていた。皐月賞馬もダービー馬もいない菊花賞は二一世紀になって四度目だった。

こうしたケースで台頭していたのは春の皐月賞、ダービーに出走していなかったグループと相場が決まっていた。実際に二〇〇〇年以降の同様のケースで優勝したのは、デルタブルース（二〇〇四年）、オウケンブルースリ（二〇〇八年）、そしてビッグウィーク（二〇一〇年）といずれも春のクラシックには出ていなかった馬たちだった。

こうして振り返ってみると、エピファネイアの勝利はいくつかのジンクスを克服した価値あるものであることがわかる。それは同時にエピファネイアの騎手、福永祐一と父シンボリクリスエスにとっても意義の深い勝ち星だった。三〇〇〇メートルのＧＩレースというのは福永騎手とシンボリクリスエス産駒のＧＩ勝利の中では最長距離となった。

この一勝はこの人馬にとって新境地を開く勝利になったと想像される。

「ダービー二着馬は出世する」という格言もある。中でもシンボリクリスエスは代表格といっていい活躍をし、天皇賞・秋と有馬記念の二連覇などダービーの後、四つのGIタイトルを獲得した。

シンボリクリスエスの代表産駒であるエピファネイアは二〇一四年のジャパンカップに出走し、三連覇を狙ったジェンティルドンナや、この年、ドバイデューティーフリーで圧勝し、年間の世界ランキング一位になったジャスタウェイなどを下し、見事に優勝した。

ジャパンカップは父のシンボリクリスエスが二度挑んで勝てなかったレースだ。中山競馬場に場所を移して行われた二〇〇二年はファルブラヴの三着、二〇〇三年もタップダンスシチーの三着といずれも涙をのんだ。ジャパンカップ制覇という点で、エピファネイアは父を超えた。

そしてエピファネイアは種牡馬一年目で牝馬三冠のデアリングタクト（二〇二〇年桜花賞、オークス）という大物を送り出した。

偶然

異例のレースになった。二〇一九年一〇月二〇日に京都競馬場で行われた第八〇回菊花賞である。

皐月賞、ダービーに続く三冠レースの最終関門。しかし、そこに皐月賞馬の姿も、ダービー馬の姿もなかった。皐月賞を制したサートゥルナーリア（牡三歳、栗東・角居勝彦厩舎）は前哨戦の神戸新聞杯で快勝劇を演じると、年上を相手にする天皇賞・秋へと矛先を向けた。ダービー馬ロジャーバローズ（牡三歳、栗東・角居勝彦厩舎）は八月になって右前脚の浅屈腱炎が見つかり、現役引退が決まった。もっとも、けがをしていなくても、フランスで行われる凱旋門賞を目指していたから菊花賞の場にはいなかっただろう。ダービーでクビ差の二着だったダノンキングリーも菊花賞へは向かわず、毎日王冠、マイルチャンピオンシップという短中距離路線を歩んだ。

前哨戦のセントライト記念で優勝したリオンリオンも直前になって左前脚の浅屈腱炎が判明。無念の出走回避となった。皐月賞馬、ダービー馬に加え、重要なステップレースであるセントライト記念と神戸新聞杯の優勝馬が菊花賞に出走しないという異常事態となった。皐月賞馬、ダービー馬不在の菊花賞は、これが一九回目のことで約四回に一回は起こっている。さほど珍しいことではない。だがトライアルの優勝馬まで出走しないとなるとかなり珍しい。

同じようなケースを調べてみると一九八一年の例が見つかった。この年の皐月賞とダービーはカツトップエース（牡三歳、美浦・菊池一雄厩舎）が優勝して二冠馬に輝いた。しかし夏に屈腱炎が見つかり、そのまま実戦復帰できずに現役を引退した。セントライト記念を制したのはメジロティターンだった。だがレース後に左前脚の浅屈腱炎がわかり、菊花賞は断念した。もう一方のトライアル神戸新聞杯で優勝したのは牝馬のアグネステスコだった。菊花賞へは向かわず、京都牝馬特別（二着）をへて、エリザベス女王杯制覇に結びつけた。

この年の菊花賞で単勝支持率四一・四％という断然の一番人気に支持されたのはサンエイソロン（牡三歳、美浦・古山良司厩舎）だった。ダービー二着、セントライト記念はメジロティターンの後塵を拝したが、それでも二着をキープした。続く京都新聞杯はコースレコードで快勝していた。

だがサンエイソロンは菊花賞を勝つことができなかった。人気に応え、なんとか二着は確保したが、ミナガワマンナ（牡三歳、美浦・仲住芳雄厩舎）の快走に屈した。皐月賞一二着、ダービー八着と春の二冠で苦戦したミナガワマンナは秋になっても伸び悩んだ。サンエイソロンと同じローテーションを歩み、セントライト記念は一〇着、京都新聞杯は九着。菊花賞では二一頭立ての一四番人気にとどまった。

ミナガワマンナの菊花賞から三八年後のこの年も似たような傾向になった。実績馬不在の中、押し出されるように一番人気になったのはヴェロックス（牡三歳、栗東・中内田充正厩舎）だった。皐月賞二着、ダービー三着。重賞勝ちこそないものの、デビュー以来の八戦で四着が一度あるだけで三勝、二着三回、三着一回という安定した成績を残していた。確実さを買われ、単勝オッズは二・二倍を示した。ところが三番人気のワールドプレミア（牡三歳、栗東・友道康夫厩舎）に早めに抜け出され、追いすがろうとするところを八番人気のサトノルークスにかわされ、三着。またしても重賞制覇を逃した。

優勝したワールドプレミアは三月の若葉ステークスでヴェロックスの二着に敗れた後、脚元に不安が出たため皐月賞、ダービーを自重して秋に備えた。神戸新聞杯ではサートゥルナーリア、ヴェロックスに次ぐ三着だったが、本番で見事な逆転に成功した。

友道康夫調教師は一三頭目のチャレンジで菊花賞初制覇となった。二〇〇九年にアンライバルドで皐月賞制覇、二〇一六年にマカヒキ、二〇一八年にワグネリアンでダービーを二勝したのに続く三冠レース完全優勝調教師となった。これは史上一三人目の快挙だった。

手綱を取った武豊騎手は二〇〇五年のディープインパクト以来一四年ぶりの菊花賞制覇で、自身の持っていた最多勝を更新する通算五勝目となった。五〇歳七か月での菊花賞制覇は四八歳九か月の伊藤勝吉騎手（一九四〇年テツザクラ）の記録を破る史上最年長での優勝でもあった。武豊騎手は一九八八年にスーパークリークで優勝した時に一九歳七か月の最年少優勝記録を作っており、菊花賞の最年長優勝と最年少優勝の両方の記録を保持するジョッキーとなった。またGI勝利は七七勝目で令和になって初めての白星だった。昭和、平成、令和の三時代でのGI制覇という快挙も達成した。

競り市で二億四〇〇〇万円で落札された高額馬のワールドプレミアはディープインパクトを父に持つ。菊花賞の父子二代制覇は一二組目だった。二〇一九年と似た状況だった一九八一年に優勝したミナガワマンナはシンザン産駒だった。実績馬不在の年の優勝馬はともに三冠馬を父に持つ競走馬だったのは偶然だろうか。

ウオッカとダイワスカーレット

二〇〇八年一一月二日に東京競馬場であった第一三八回天皇賞・秋はゴール前、武豊騎手が乗ったウオッカ（牝四歳、栗東・角居勝彦厩舎）と安藤勝己騎手のダイワスカーレット（牝四歳、栗東・松田国英厩舎）の壮絶な競り合いになった。一着ウオッカと二着ダイワスカーレットの着差は、わずか二センチ。「平成の名勝負」のひとつに数えられ、このレースではいくつかの「快記録」が生み出された。

まずはウオッカの優勝タイムだ。一分五七秒二は、シンボリクリスエスが同じく二〇〇三年秋の天皇賞で記録した一分五八秒〇を、〇秒八も更新する東京競馬場、芝二〇〇〇メートルのコースレコードとなった。このレコードは三年後の天皇賞・秋でトーセンジョーダンによって一秒一更新された。秋の天皇賞で、牝馬が一、二着と上位を独占したのは、距離三二〇〇メートルで行われていた一九五八年にセルローズとミスオンワードが達成して以来五〇年ぶりという久しぶりの出来事だった。

ウオッカはこの時点でＧⅠ競走四勝目。二歳時の阪神ジュベナイルフィリーズに始まり、三歳時のダービー、四歳時の安田記念、そして天皇賞・秋とビッグタイトルを積み重ねた。そして翌年もヴィクトリアマイル、安田記念、ジャパンカップと三勝を上乗せし、合計七つのGⅠタイトルをそろえた。

一九八四年に、日本中央競馬会（JRA）が重賞レースの格付けをするグレード制度を導入してから、競走馬のJRA・GⅠ競走最多勝はシンボリルドルフ、テイエムオペラオー、ディープインパクトにウオッカとキタサンブラックを加えた五頭が記録した七勝だ。それに続くのがブエナビスタ、オルフェーヴル、ジェンティルドンナ、ゴールドシップ、アーモンドアイの六勝で、ナリタブライアン、メジロドーベル、ダイワメジャー、アパパネの五勝が続く。GⅠ競走四勝馬はオグリキャップ、メジロマックイーン、トウカイテイオー、マヤノトップガン、タイキシャトル、グラスワンダー、スペシャルウィーク、アグネスデジタル、シンボリクリスエス、メイショウサムソン、ダイワスカーレット、トランセンド、ロードカナロアと一三頭を数える。

ウオッカのすごいところはGⅠ競走七勝のうち六勝を東京競馬場で挙げていることだ。直線が長く、ゴールに向かって上り坂があるタフな東京競馬場のGⅠ競走で四勝以上を挙げているのは、ウオッカのほかにブエナビスタ（オークス、ヴィクトリアマイル、天皇賞・秋、ジャパンカップ）しかいない。ウオッカもブエナビスタも牝馬だが、一六〇〇メートル、二〇〇〇メートル、二四〇〇メートルと東京競馬場の「芝の基本距離」で優勝している。さらにいえば、ウオッカの東京競馬場での六勝のうち五勝が牡馬を相手にしての勝利だ。ウオッカは二〇一九年四月一日に一五歳でこの世を去ったが、こんな牝馬には、今後もしばらくはお目にかかれないのではないだろうか。

ウオッカ優勝の天皇賞・秋の隠れた記録としては、配当でGI競走史上初の出来事もあった。この天皇賞・秋では、単勝、枠連、馬連、馬単、三連複、三連単と五つの券種が一番人気で決着し、複勝とワイドは一、二、三番人気となった。八種類すべての馬券が人気通りに的中したということだ。

この八種類の馬券のうち最も新しい馬券の三連単が発売されたのは二〇〇四年。今回のようにGI競走で一番人気から三番人気までが人気通りにゴールし、三連単も一番人気で決着した例は少ない。最初は二〇〇五年のオークスで一着シーザリオ、二着エアメサイア、三着ディアデラノビアとなり、三連単は一番人気で三三三〇円の配当になった。次がウオッカの天皇賞・秋のケース。次が二〇一一年の菊花賞で一着オルフェーヴル、二着ウインバリアシオン、三着トーセンラーで、三連単は二一九〇円。続いて二〇一六年の高松宮記念。一着ビッグアーサー、二着ミッキーアイル、三着アルビアーノと人気通りの着順になり、三連単も六六九〇円の一番人気となった。すべての券種が人気通りになったのはこの高松宮記念が二度目で、ウオッカの天皇賞・秋が史上初めてのケースだった。

かねてより僕は日本の競馬ファンの馬券のうまさに舌を巻いているが、天皇賞・秋を例にすれば、二〇〇万センチ（二〇〇〇メートル）走った末に、ウオッカとダイワスカーレットとの間にできた差は、たったの二センチ。一〇〇万分の一の違いを見分けて、すべて一番人気という馬券を的中させた日本の競馬ファンの「眼力」に改めて敬服するしかない。

この天皇賞・秋は競走馬と騎手、それにファンが一体となって作り上げたレースといってよさそうだ。そういう意味でも、このレースは語り継がれることになる。

血統論

比叡ステークスは毎年、秋の京都競馬場で行われる特別レースだ。最近は古馬三勝クラスの芝二二〇〇メートルという条件で行われているが、二四〇〇メートルだったり、二〇〇〇メートルだったりした時期もあった。

のちのジャパンカップ優勝馬マーベラスクラウン（騸三歳、栗東・大沢真厩舎）が三連勝目を飾り、重賞戦線へのステップとしたのが一九九三年。また名脇役のシルクフェイマス（牡四歳、栗東・鮫島一歩厩舎）も二〇〇三年の勝利で弾みをつけ、次走の日経新春杯で重賞初制覇を果たしている。

そんな比叡ステークスが二〇〇九年は一一月一四日に芝二四〇〇メートルで行われた。エリザベス女王杯の前日に行われた準メインレースには、かつてないほどの「豪華メンバー」がそろった。

一番人気はザサンデーフサイチ（牡五歳、栗東・松田国英厩舎）だった。父は菊花賞馬のダンスインザダーク、母は牝馬ながら天皇賞・秋を制したエアグルーヴ。半姉のアドマイヤグルーヴはエリザベス女王杯二連覇の記録を残した「良血の塊」だ。ザサンデーフサイチは二〇〇四年のセレクトセールに上場され、四億九〇〇〇万円（税抜き）で落札された。ここまで一一戦三勝。二度の長期休養はあったが、徐々に血統の良さを出してきた。

八番人気と評価を落としていたが、ニュービギニング（牡五歳、栗東・池江泰郎厩舎）も一二頭の出走馬の中に名を連ねていた。父アグネスタキオン、母ウインドインハーヘア。そう三冠馬ディープインパクトの二歳年下の半弟である。三枠三番に入ったのはエーシンダードマン（牡五歳、栗東・大久保龍志厩舎）だった。父ダンスインザダーク、母エイシンマッカレン。半兄のエイシンデピュティは宝塚記念を制したGI馬だ。ただの条件レースでしかない比叡ステークスにGI馬の弟が三頭もそろった。出走馬の中にはさらにナリタキングパワー（牡四歳、栗東・小野幸治厩舎）もいた。こちらは半妹のタガノエリザベート（牝二歳、栗東・松田博資厩舎）がファンタジーステークスで怒濤の追い込みを決め、重賞制覇を果たしたばかりだった。

良血馬の競演。比叡ステークスは血統ファンが固唾をのんで見守るほどの注目レースとなった。

ゲートが開き、先手を奪ったのはメトロシュタインだった。一〇〇〇メートルの通過が一分一秒〇。メトロシュタインの福永祐一騎手は、そこから一二秒八―一三秒〇―一三秒〇とラップを落とし、逃げ込みをはかった。注文通りのレースになったが、メトロシュタインは粘りきれずに五着。優勝したのは内からスルスルと伸びた武豊騎手のメイショウドンタク（牡三歳、栗東・本田優厩舎）だった。「良血軍団」はエーシンダードマンの三着が最高でニュービギニングは四着、ナリタキングパワーは九着、ザサンデーフサイチは一〇着という結果だった。

改めて思う。競馬の勝因敗因にはいくつものファクターが絡み合っている。当たり前のことだが、「血統」だけが勝敗を決するわけではない。比叡ステークスはそれを教えてくれた。

その一方で、血統がものをいったレースもあった。二〇〇九年の一〇月にあった第七〇回菊花賞がそうだった。結果は一着スリーロールス（牡三歳、栗東・武宏平厩舎）、二着フォゲッタブル（牡三歳、栗東・池江泰郎厩舎）とダンスインザダークの息子が上位を独占した。ダンスインザダークは一九九六年に自身、菊花賞を制しているが、種牡馬としての菊花賞実績はさらにすごい。

これまでにザッツザプレンティ（二〇〇三年）、デルタブルース（二〇〇四年）、そしてこの年のスリーロールスと三頭の菊花賞馬を送り出したほか、ファストタテヤマ（二〇〇二年）とフォゲッタブル（二〇〇九年）が二着に食い込んでいる。計一一頭が出走して三勝二着二回。連対率は四割五分を超えるハイアベレージだ。

菊花賞をスリーロールスが制したことで、二〇〇九年の三冠レースは見事な決着をみた。皐月賞のアンライバルド（父ネオユニヴァース）、ダービーのロジユニヴァース（父ネオユニヴァース）ときて、菊花賞のスリーロールスで三冠レースはすべて父子二代制覇という共通項でまとまったのだ。

血統で決まるレースもあれば、決まらないレースもある。二〇〇九年秋、当たり前の競馬の本質を思い知った。

父娘

二〇一九年一一月一〇日に行われた第四四回エリザベス女王杯はクリストフ・スミヨン騎手（ベルギー）が騎乗した三番人気のラッキーライラック（牝四歳、栗東・松永幹夫厩舎）が優勝した。

スミヨン騎手の中央競馬でのGI勝利は五年ぶり三度目だった。初勝利は二〇一〇年の天皇賞・秋、ブエナビスタ（牝四歳、栗東・松田博資厩舎）とのコンビで二着のペルーサに二馬身差の快勝だった。二勝目は二〇一四年のジャパンカップ。エピファネイア（牡四歳、栗東・角居勝彦厩舎）に騎乗してジャスタウェイに四馬身差をつける完勝劇を演じた。

スミヨン騎手が中央競馬の短期免許を取得して、初めて来日したのは二〇〇一年二月のことだった。小倉、京都、阪神で四八戦し、六勝を挙げた。その後、国際騎手招待競走や短期免許で何度も来日し、素晴らしいプレーを披露した。初めての重賞勝ちは二〇〇九年のスワンステークス。四番人気だったキンシャサノキセキを勝利へ導いた。

翌二〇一〇年秋、ブエナビスタとのコンビで優勝争いを繰り返した。天皇賞・秋制覇、ジャパンカップは一位で入線したが、進路妨害で二着に降着、有馬記念も二着となった。スミヨン騎手の名をさらに有名にしたのは三冠馬オルフェーヴルとのコンビ結成だった。日本での騎乗ぶりが認められ、本拠にするフランスのロンシャン競馬場を知り尽くしている点が考慮され、凱旋門賞制覇の切り札としてスミヨン騎手に白羽の矢が立ったのだ。二〇一二、二〇一三年と二年連続したオルフェーヴルのフランス遠征では、計四戦で手綱を取り、凱旋門賞は二年連続二着、フォワ賞は二連覇を果たした。

エリザベス女王杯優勝に導いたラッキーライラックはオルフェーヴルの初年度産駒の一頭である。追い切りでも手綱を取り、「彼女がオルフェーヴルの娘だということに縁を感じていた。あのときの雪辱を果たした気持ちだ」と優勝インタビューで答えた。二〇一二年の凱旋門賞では、いったん先頭に立ちながら、オルフェーヴルが自ら走りのバランスを崩して、ソレミアに敗れ二着。大魚を逃した。その悔しさをスミヨン騎手は忘れていなかったのだ。エリザベス女王杯で優勝した翌週もゴルトファルベン、バイオスパークというオルフェーヴル産駒に騎乗して、いずれも勝利を飾るという成績を残した。

競馬の国際化が進むと、スミヨン騎手とオルフェーヴルの関係のように、海外の騎手が日本調教馬に親子二代で騎乗するということが起きるものだ。

短期免許で来日した外国人騎手が日本調教馬に騎乗して中央競馬のＧＩレースを制覇する例が増えている。二〇一五年三月に中央競馬会所属になったミルコ・デムーロ騎手（イタリア）、クリストフ・ルメール騎手（フランス）も当初は短期免許で来日していた。短期免許の時代にＧＩ制覇を達成しており、この記録を含めると、二〇二〇年六月末現在、外国人二一騎手が計五八勝を挙げている。

嚆矢となったのはマイケル・ロバーツ騎手（南アフリカ）だった。一九九一年にジャパンカップで英国調教馬テリモンに騎乗するため初来日。その後、一九九五年二月から五月まで短期免許を取得し、日本で騎乗した。短期免許を得た外国人騎手としてはリサ・クロップ騎手（ニュージーランド）、アラン・ムンロ騎手（イギリス）、オリビエ・ペリエ騎手（フランス）に次いで四人目のことだった。一九九五年のジャパンカップではランドに騎乗して優勝した。そして四度目の短期免許で来日した一九九八年一二月一三日、第五〇回朝日杯三歳ステークス（現朝日杯フューチュリティステークス）でアドマイヤコジーン（牡二歳、栗東・橋田満厩舎）に騎乗して優勝。外国人騎手が日本調教馬とのコンビで獲得した初めてのＧＩタイトルとなった。

変わったところでは二〇〇二年一二月二一日の第一二五回中山大障害。ニュージーランドの女性騎手ロシェル・ロケットが日本のギルデッドエージで優勝していること。障害のJ・GIでは唯一の優勝例だ。

最多勝はペリエ騎手の一二勝だ。二〇〇〇年のフェブラリーステークス（ウイングアロー）に始まり、二〇〇五年のマイルチャンピオンシップ（ハットトリック）まで六年間で達成した。二〇〇四年にはゼンノロブロイ（牡四歳、美浦・藤沢和雄厩舎）とのコンビで天皇賞・秋、ジャパンカップ、有馬記念と秋の古馬三冠を制覇した。二番目に勝ち星が多いのはライアン・ムーア騎手（イギリス）の六勝だ。二〇一六年天皇賞・秋（モーリス）や二〇一七年のチャンピオンズカップ（ゴールドドリーム）、二〇一九年の朝日杯フューチュリティステークス（サリオス）などのレースが挙げられる。

二〇一九年は新しいメンバーが二人加わった。ダミアン・レーン騎手とオイシン・マーフィー騎手だ。オーストラリア出身のレーン騎手はノームコアでヴィクトリアマイル、リスグラシューで宝塚記念を制し、暮れの有馬記念でもリスグラシューを優勝に導いた。アイルランド生まれのマーフィー騎手はスワーヴリチャードに乗ってジャパンカップで優勝した。レーン騎手は二五歳、マーフィー騎手も二四歳と若手だ。

外国人騎手と日本調教馬のコラボレーションはこれからも増えていきそうだ。

大いなる軌跡

二〇一三年一一月一六日、東京スポーツ杯二歳ステークスで偉大な記録が達成された。単勝二番人気の支持を受けたイスラボニータ（牡二歳、美浦・栗田博憲厩舎）は、東京競馬場の芝一八〇〇メートルを一分四五秒九という二歳の中央競馬新記録で駆け抜け、先頭でゴールした。その記録は前年の同じレースで、コディーノがマークした一分四六秒〇のタイムを〇秒一更新するものだった。イスラボニータの記録は二〇一九年にコントレイルに破られるまで約六年間健在だった。

この勝利はイスラボニータの父フジキセキにとって一九九六年生まれの初年度産駒から続いていた連続世代ＪＲＡ平地重賞勝利記録を一六世代とする貴重な一勝となった。

ノーザンテーストと並んでいた一五世代連続勝利の記録を一つ伸ばし、フジキセキはこれで単独トップに立った。生年順にその重賞勝ち馬を列挙してみる。

【一九九六年】トウショウアンドレ
【一九九七年】ダイタクリーヴァ、グランパドドゥ、ミツワトップレディ
【一九九八年】テンシノキセキ
【一九九九年】キタサンヒボタン、オースミコスモ
【二〇〇〇年】ワナ、フジサイレンス
【二〇〇一年】メイショウオスカル、タマモホットプレイ、ビーナスライン
【二〇〇二年】カネヒキリ、ユメノシルシ
【二〇〇三年】ドリームパスポート、コイウタ、ファイングレイン
【二〇〇四年】エイジアンウインズ、ピエナビーナス、アルティマトゥーレ、ゴールデンダリア
【二〇〇五年】エフティマイア、サブジェクト
【二〇〇六年】デグラーティア

【二〇〇七年】シンメイフジ、ダノンシャンティ、ミラクルレジェンド
【二〇〇八年】サダムパテック
【二〇〇九年】ブライトライン、ストローハット、ストレイトガール、トーホウアマポーラ
【二〇一〇年】タマモベストプレイ、メイケイペガスター
【二〇一一年】イスラボニータ、ロサギガンティア

以上の三六頭がフジキセキが生んだＪＲＡ重賞勝ち馬のすべてだ、と言いたいところだが、重要な一頭が抜け落ちている。二〇〇三年九月二四日生まれのキンシャサノキセキである。誕生日からも想像できるように、キンシャサノキセキはフジキセキが南半球との間で行き来するシャトル種牡馬だった時代に、オーストラリアで生産された。日本で競走馬となり、史上初の高松宮記念連覇などＪＲＡ重賞七勝の成績を残した。

フジキセキ産駒は二〇二〇年五月三一日現在、中央競馬で通算一五二七勝を挙げている。これはサンデーサイレンス、ディープインパクト、キングカメハメハ、ノーザンテースト、ブライアンズタイムに次ぐ歴代六位の数字で、重賞レース七八勝はサンデーサ

イレンス、ディープインパクト、キングカメハメハ、ヒンドスタン、ステイゴールド、パーソロン、ノーザンテースト、ブライアンズタイムに続く歴代九位でテスコボーイ、ライジングフレームやトニービンなどの名種牡馬を抑えた。

競走馬としてのフジキセキは不運だった。一九九二年四月一五日、サンデーサイレンスの初年度産駒の一頭として生まれた。一九九四年八月に新潟競馬場でデビュー勝ちを収めると、もみじステークス（阪神競馬場）も連勝。単勝一・五倍の一番人気に支持された朝日杯三歳ステークス（現朝日杯フューチュリティステークス）も快勝して三連勝。翌年のクラシック候補になった。年明け初戦の弥生賞も制したが、皐月賞を目前に故障を発生し、そのまま現役生活を終えた。

早すぎる引退で三歳春から種付けを始めたため、息の長い種牡馬生活を送ることが可能になった。

短距離のスペシャリスト・キンシャサノキセキ、「砂のディープインパクト」と呼ばれたカネヒキリ、NHKマイルカップで驚異のレコードタイムをマークしたダノンシャンティなど二世は個性派ぞろいだ。キンシャサノキセキと同様、フジキセキがオーストラリアで残したサンクラシークは南アフリカの調教師に育てられ、二〇〇八年のドバイシーマクラシックを制している。

フジキセキは体調を崩し、二〇一〇年を最後に種付けをやめ、二〇一五年一二月二八日にこの世を去った。一二一頭誕生した二〇一一年生まれが最後の世代になった。

その最後の世代を代表するイスラボニータは東京スポーツ杯二歳ステークスを皮切りに、二〇一四年の共同通信杯を制し、同年の皐月賞では一着となり、父フジキセキに初めてのクラシックタイトルをもたらした。その後もセントライト記念、マイラーズカップ、阪神カップと重賞勝ちを重ね、フジキセキの代表産駒となった。

またイスラボニータの同期ディライトフル（騸八歳、栗東・大久保龍志厩舎）が二〇一九年九月二一日、中山競馬場で行われた清秋ジャンプステークスで優勝した。これがフジキセキ産駒の二〇一九年初勝利となり、フジキセキ産駒の連続勝利記録は二二年に伸びた。二〇二〇年五月末時点でメガオパールカフェ（牡九歳、美浦・和田勇介厩舎）がフジキセキ産駒として、ただ一頭競走馬登録をしている。フジキセキ産駒の勝ち星はまだ伸びる可能性を残している。

父超え

二〇一四年一一月二三日に京都競馬場で行われた第三一回マイルチャンピオンシップは、岩田康誠騎手騎乗のダノンシャーク（牡六歳、栗東・大久保龍志厩舎）が福永祐一騎手のフィエロとの競り合いを制し、ＧＩレース初勝利を挙げた。二頭の着差は約五センチという大接戦だった。

このレースには六頭のディープインパクト産駒が出走していた。結果はダノンシャークが優勝、フィエロが二着、トーセンラーが四着、エキストラエンドが五着と四頭が掲示板（五着以内）を確保した。そしてワールドエースが八着。もっとも人気を集めたミッキーアイルが一三着に終わったのは皮肉だったが、それでも「京都のマイルはディープインパクト」といわれるだけの結果を残した。

二〇一四年、マイルチャンピオンシップまでに京都競馬場で行われた芝一六〇〇メートルの重賞レースは六レースだった。そのうち五レースをディープインパクト産駒が制した。京都金杯がエキストラエンド、シンザン記念がミッキーアイル、京都牝馬ステークスがウリウリ、マイラーズカップがワールドエース、そしてマイルチャンピオンシップがダノンシャークだ。

それから五年もたたない二〇一九年七月三〇日、ディープインパクトは一七歳の生涯を閉じた。産駒は「京都のマイル」ばかりでなく、世界中で活躍した。不幸中の幸いは二〇二〇年に生まれてくる産駒が数頭でも残っていることだろう。ディープインパクトは死んでしまったが、二世の走る姿は当分の間、見ることができる。

二〇一九年が終わり、ディープインパクト産駒がデビューした二〇一〇年から一〇年がたった。そこで一〇年目が終了した時点で息子のディープインパクトと父親のサンデーサイレンスの種牡馬としての成績を比べてみた。二頭とも産駒はほとんど地方競馬で走ることはない。中央競馬での成績に絞った。

種牡馬ディープインパクトは一年目が四一勝、二年目が一三五勝、三年目が二一六勝、四年目が二〇三勝、五年目が二三二勝、六年目が二二四勝、七年目が二三〇勝、八年目が二五一勝、九年目が二六五勝、一〇年目が二五七勝と通算勝利は一〇年で二〇五四勝を数える。二〇一九年一〇月六日、東京競馬場で行われたGⅡ毎日王冠でダノンキングリー（牡三歳、美浦・萩原清厩舎）が一着となり、ディープインパクト産駒は通算二〇ンデーサイレンス産駒の一〇年四か月と七日を更新する最短記録となった。ちなみに産駒が中央競馬で二〇〇〇勝しているのは、サンデーサイレンスとディープインパクト、この父子二頭だけである。

一方のサンデーサイレンスはどうか。一年目の一九九四年は三〇勝、二年目は一〇〇勝、三年目は一一一勝、四年目は一二七勝、五年目が一五七勝、六年目が一七七勝、七年目が二三八勝、八年目が二六一勝、九年目が二四二勝、一〇年目が三〇三勝を挙げた。一〇年目が終わった時点で通算一七四六勝。まだ二〇〇〇勝には届いていなかった。当時、向かうところ敵なし、ただただ驚いていたサンデーサイレンスの実績だったが、こうしてみると、息子のディープインパクトの方がはるかに上をいく成績を残している。

ＧＩレースの実績でも息子は父親を凌駕する。一〇年目を終わった時点でサンデーサイレンスは二六頭のＧＩ馬を送り出し、勝ち星は四〇に達していた。ディープインパクト産駒からは、これまでに三九頭のＧＩ馬が誕生し、国内で五勝を挙げたジェンティルドンナなどが計五二勝している。二〇一九年にはオークスでラヴズオンリーユーが快勝し、ディープ娘一八頭目のＧＩ馬になった。三九頭のうち半分に近い一八頭が牝馬なのもディープインパクトの特徴かもしれない。

はじめに「京都のマイルはディープインパクト」と書いたが、実は「阪神のマイルもディープインパクト」だった。GⅠ五二勝のうち最多の八勝をしているのが阪神競馬場の芝一六〇〇メートルなのだ。桜花賞は二〇一一年のマルセリーナからジェンティルドンナ、アユサン、ハープスターと四連覇を果たした後、二〇一九年にグランアレグリアが五勝目を飾った。同じく阪神競馬場の芝一六〇〇メートルを舞台にする阪神ジュベナイルフィリーズも二〇一一年のジョワドヴィーヴル、二〇一四年のショウナンアデラ、二〇一八年のダノンファンタジーと三勝の荒稼ぎだ。

「父超え」に成功しているディープインパクトだが、ここからハードルはグンと上がる。サンデーサイレンスは一一年目には三二八勝という年間最多勝記録を打ち立てた。最初の三年は種付け頭数が一〇〇頭に満たなかったサンデーサイレンスに比べ、初年度から二一五頭に種付けしたディープインパクトは環境に恵まれてのスタートだった。

中央競馬最多勝の二七四九勝、一三年連続リーディング首位、年間獲得賞金九二億円、クラシックレース二三勝、GⅠレース七一勝など依然としてサンデーサイレンスが記録保持者である。勝ち星量産のペースでは父を超えているディープインパクトだが、ほんとうに父を超えたとはいえない。

ミルコ

二〇一七年一一月のエリザベス女王杯とマイルチャンピオンシップ。京都競馬場で二週続けて、ミルコ・デムーロ騎手（三八）＝イタリア＝の「神騎乗」を目の当たりにした。

スローペースになったエリザベス女王杯では、騎乗馬モズカッチャン（牝三歳、栗東・鮫島一歩厩舎）を先行させた。ゴール前では逃げ込みをはかるクロコスミアをゴール寸前で差し切り、クビ差の勝利を飾った。翌週のマイルチャンピオンシップでは一転して後方待機策をとった。大外一八番枠という不利な枠からスタートしたペルシアンナイト（牡三歳、栗東・池江泰寿厩舎）を序盤は馬群の後方に置き、最後の直線で末脚を爆発させた。二番人気のエアスピネルにハナ差勝ち。接戦をものにした。モズカッチャンは五番人気、ペルシアンナイトは四番人気。いずれも本命馬ではなかった。

この二つの勝利によって、ミルコ・デムーロ騎手は歴代最多勝記録と並ぶ中央競馬のGI年間六勝目をマークした。年間GI六勝はこれまでに武豊（二度）、安藤勝己、池添謙一、岩田康誠と四騎手が記録していたが、ゴールドドリーム（フェブラリーステークス）、サトノクラウン（宝塚記念）、レッドファルクス（スプリンターズステークス）、キセキ（菊花賞）、モズカッチャン（エリザベス女王杯）、ペルシアンナイト（マイルチャンピオンシップ）と、六勝とも違う馬に騎乗して記録したのはミルコ・デムーロ騎手が初めてだった。

また五月のオークスに始まったGIレースでの連続複勝圏内ゴールという記録も一〇レースに伸ばした。その内容はオークス三着（アドマイヤミヤビ）→ダービー三着（アドミラブル）→安田記念三着（レッドファルクス）→宝塚記念一着（サトノクラウン）→スプリンターズステークス一着（レッドファルクス）→秋華賞三着（モズカッチャン）→菊花賞一着（キセキ）→天皇賞・秋二着（サトノクラウン）→エリザベス女王杯一着（モズカッチャン）→マイルチャンピオンシップ一着（ペルシアンナイト）というものだ。驚異的な実績というしかない。この連続記録はマイルチャンピオンシップの翌週に行われたジャパンカップで騎乗馬サトノクラウンが一〇着に終わり、一〇レースで途切れることになった。

「ミルコは大レースに強い」と言われる。短期免許で初めて騎乗した一九九九年一二月以降二〇一七年末までの中央競馬での全成績は四四二三戦七七五勝、二着五八四回、三着四六三回、四着以下二六〇一回だ。勝率は一七・五%、連対率は三〇・七%、三着内率は四一・二%となる。GIではどうか。

一三〇戦二四勝、二着一一回、三着一四回、四着以下八一回。勝率は一八・五%、連対率は二六・九%、三着内率三七・七%だ。確かに勝率は高い。しかし連対率や三着内率は通算成績より低い。印象ほど大レースに強いわけではない。

けれどもデータの取り方を変えると大きな変化がわかる。

短期免許時代と通年免許になってからの成績だ。短期免許時代は二三七八戦三五四勝、二着二九六回、三着二三二回、四着以下一四九六回。勝率一四・九%、連対率二七・三%、三着内率三七・一%という成績だった。それが通年免許になった二〇一五年三月以降、二〇一七年末まではというと、二〇四五戦四二一勝、二着二八八回、三着二三一回、四着以下一一〇五回。勝率二〇・六％、連対率三四・七％、三着内率四六・〇％となる。いずれの数字も大幅なアップを示している。

上限三か月という短期免許は不安定な立場だった。また同じ馬に連続して騎乗することができないため、先を見据えた「教育的騎乗」が不可能で、その場限りの騎乗になりがちだった。

ゴールドドリーム、キセキ、モズカッチャンは前任の騎手からバトンを受け、連続して騎乗した三戦目にＧＩ勝利をもたらしている。これが連続騎乗のメリットであり、いいところだろう。騎乗馬との息を合わせる「助走」があって、勝負をかける大レースに結びつけているのだ。

ミルコ・デムーロ騎手の成績を調べてみて、改めて気づいたことがあった。接戦に強いのだ。マイルチャンピオンシップで中央競馬のＧＩ勝利は通算二四勝となったが、このうち一〇勝は二着馬と同タイムの決着だ。しかも、このうち四勝が二〇一七年に集中している。競馬界には「ハナ、アタマの勝利は騎手の腕」という言い方がある。二〇一七年のミルコは手がつけられない存在だった。

二〇一八年もミルコ・デムーロ騎手は年間一五三勝で、二一五勝したクリストフ・ルメール騎手には離されたものの騎手ランキングで二位につけた。GⅠも大阪杯（スワーヴリチャード）、チャンピオンズカップ（ルヴァンスレーヴ）、朝日杯フューチュリティステークス（アドマイヤマーズ）、ホープフルステークス（サートゥルナーリア）と四勝を挙げ、存在感を発揮した。

ところが二〇一九年は不振に陥った。NHKマイルカップ（アドマイヤマーズ）とオークス（ラヴズオンリーユー）でGⅠ勝利を挙げたものの重賞はこの二勝を含めて、わずか三勝。五月のオークス以降は重賞を勝つことができなかった。二〇二〇年になって息を吹き返した。ラッキーライラックで大阪杯を制し、ラウダシオンに騎乗してNHKマイルカップで優勝した。この時点で中央競馬でのGⅠ勝利は三二勝となり、並んでいた岡部幸雄・元騎手に一勝差をつけ歴代で単独二位に浮上した。

知命

二〇一九年一一月二三日、京都競馬場で行われた第八レース「三歳以上二勝クラス」（ダート一四〇〇メートル）は、武豊騎手（五〇）が手綱を取ったスマートアルタイル（牡四歳、栗東・小崎憲厩舎）が優勝した。

一五頭立ての一番人気だったスマートアルタイルは一番枠からスタートすると、最後方を進み、四コーナー手前からスパート。直線半ばで先頭に立ち、二着に三馬身差をつける楽勝で人気に応えた。

この勝利は武豊騎手の二〇一九年ＪＲＡ一〇〇勝目だった。通算四〇〇〇勝以上を挙げている生きるレジェンドだが、ＪＲＡの年間一〇〇勝は四年ぶりのことだった。

「年間一〇〇勝は久しぶりなのでうれしい。これで満足というわけではないし、もっと頑張らなくてはと思っている。僕もしぶとく乗って、後輩たちとともに競馬を盛り上げていきたい」と記録達成直後のインタビューで答えた。すると、その三レース後に行われた重賞・京都二歳ステークスではマイラプソディに騎乗して快勝。記録達成の日に重賞勝ちまでプラスし、「持ってる男は違う」と競馬ファンをうならせた。

一九六九年生まれの武豊騎手は一九八七年に一七歳でデビューした。一年目は六九勝を挙げ、加賀武見元騎手が一九六〇年にマークした五八勝を抜いてルーキーの最多勝記録を更新した。翌年、二年目の騎手としては史上初となる一〇〇勝を超え、一一三勝をマークした。最多勝の座こそ、一三二勝の柴田政人騎手に譲ったものの、堂々のランキング二位。関西ではナンバーワンとなった。

二〇〇三年には二〇四勝をマーク、初めて「二〇〇勝超え」を果たすと、二〇〇四年は二一一勝、二〇〇五年は二一二勝と三年連続で二〇〇勝を上回った。

二〇一〇年三月に落馬で大けがをし、復帰が八月になるという自身初の長期休養に追い込まれた。この年は六九勝に終わり、二〇〇二年から続けてきた年間一〇〇勝はいったん途切れた。武豊騎手ほどの名手でも、調子を落としたと見られれば、騎乗依頼は減る。二〇一一年は六四勝、二〇一二年は五六勝にまで勝ち星は落ち込んだ。二〇一三年は九七勝に回復、二〇一四年も八六勝とし、二〇一五年に一〇六勝。六年ぶりの一〇〇勝超えを達成した。二〇一九年の一〇〇勝超えは、この二〇一五年以来となった。

二〇一九年で騎手生活三三年目の武豊騎手が年間一〇〇勝を記録したのは二二回目。

これは歴代一位の回数で、二位の岡部幸雄元騎手の一三回を大きく引き離している。

三月一五日に五〇歳の誕生日を迎えた武豊騎手にとっては五〇代初の一〇〇勝超えともなった。五〇代での年間一〇〇勝は増沢末夫元騎手が一回、岡部幸雄元騎手が三回記録しており、武豊騎手が史上三人目で通算五度目のこととなった。

四年ぶりの年間一〇〇勝を達成した武豊騎手は記録達成の翌週の一一月三〇日、阪神競馬場で三勝の固め打ち。二〇一九年の勝ち星を一〇四勝とした。これは岡部幸雄元騎手が五二歳だった二〇〇〇年にマークした一〇三勝を上回る五〇代騎手の年間最多勝記録となった。さらに一二月一日には中京競馬第九レースでスマイルスターに騎乗して三着となり、JRA史上初の通算二万二〇〇〇回騎乗も記録した。

武豊騎手は二〇一九年、地方競馬でも大記録を達成した。一一月四日、浦和競馬場で行われたJBC競走のJBCレディスクラシックでヤマニンアンプリメ（牝五歳、栗東・長谷川浩大厩舎）に騎乗して優勝。地方で行われるダート交流GIレース完全制覇という偉業をかなえた。地方競馬の交流GIは次の一〇レースだ。全日本二歳優駿、ジャパンダートダービー、川崎記念、かしわ記念、帝王賞、南部杯、JBCクラシック、JBCスプリント、JBCレディスクラシック、東京大賞典。このレースをすべてものにした。ＪＲＡのＧＩでまだ勝っていないのは朝日杯フューチュリティステークスとホープフルステークスの二歳戦二レースのみ。これを勝てば、日本国内のＧＩレース完全制覇となる。

二〇二〇年三月八日、無観客の中山競馬場で第五七回弥生賞ディープインパクト記念が行われ、武豊騎手が乗ったサトノフラッグ（牡三歳、美浦・国枝栄厩舎）が優勝した。一九六四年に創設されたレースは前年まで、「弥生賞」という名称で行われた。二〇一九年に急死したディープインパクトの功績をたたえ、「弥生賞ディープインパクト記念」として再スタートすることになった。その一年目に優勝したサトノフラッグはディープインパクトの忘れ形見であり、一一頭出走していた中で唯一のディープインパクト産駒でもあった。二〇二〇年の初重賞制覇をディープインパクトの子どもでディープインパクトの名前がついたレースで達成する。スタージョッキーは絵に描いたような結末を演出した。

孔子は論語の中で「五〇にして天命を知り」と書いている。五〇歳のことを「知命」と呼ぶのは、ここから来ている。天才武豊騎手も五〇歳になって、天が自らに与えた使命がジョッキーであることを知ったのだろうか。

ステイゴールド

日本でジャパンカップが行われ、スクリーンヒーローがGI馬の仲間入りを果たした二〇〇八年一一月三〇日、シンガポールでも一頭のGI馬が誕生した。

日本を離れ、現地で活躍する高岡秀行調教師が育てているエルドラドだ。地元の大レース、シンガポールゴールドカップ（GI、クランジ競馬場、芝二二〇〇メートル）に出走し、直線で先頭に立つと、二着馬の追い込みをアタマ差でしのいで初のGI制覇を果たした。エルドラドは日本産。父ステイゴールド、母ホワイトリープ、母の父ホワイトマズルという血統の四歳の騸馬である。

二〇〇四年三月一八日、エルドラドは北海道・浦河の高野牧場で生まれた。二〇〇六年五月に行われた「ひだかトレーニングセール」に出場し、大谷正嗣さんに五二五万円で落札された。同年一一月にシンガポールでデビュー。初勝利まで九戦を要したが、この白星をきっかけに三連勝。距離が延びるにつれて成績を上げ、二〇〇八年七月のシンガポールダービーでは二着になっていた。

シンガポールゴールドカップは、シンガポール航空国際カップと並ぶ地元の大レースだ。賞金総額はシンガポール航空国際カップに次ぐ国内二番目だという。高岡調教師はこのレースにもう一頭の管理馬ジェイドも出走させ、四着に食い込ませている。

振り返ってみれば、エルドラドの父ステイゴールドは海外のGIレースを制した初めての日本産馬だった。二〇〇一年一二月一六日、香港・シャティン競馬場で行われた香港ヴァーズ（芝二四〇〇メートル）に武豊騎手を背に出走。最後の直線で猛然と追い込み、デットーリ騎手のエクラールをアタマ差下した。それまでタイキシャトルやアグネスワールドなど外国産の日本調教馬しか海外GIに勝てなかったのを、ステイゴールドが一気にひっくり返してみせた。

ステイゴールドはこれが五〇戦目で引退レースだった。GIに挑戦すること二〇度目で初めての優勝という劇的なレースとなった。ステイゴールドは、判官びいきの競馬ファンに愛された。走っても走っても届かないGIタイトル。しかも四二〇～四三〇キロという小さな体で頑張る姿が共感を増幅させた。弱かった頃のプロ野球・阪神タイガース、Jリーグ・浦和レッズと共通したような思いがファンにアピールした。

GIでの成績は【一―四―二―一三】。重賞レースにそれを広げても【四―七―七―

二〇】で、初めて重賞を制したのは六歳五月の目黒記念。一九九七年一〇月の京都新聞杯で初めて重賞に出走して、二六戦目だった。

そんな「勝負弱い」はずのステイゴールドの子どもたちが実に「勝負強い」から競馬は面白い。

二〇〇五年に競走年齢に達したステイゴールド二世は次々と重賞レースで勝ち星を伸ばした。初年度産駒のソリッドプラチナムが二〇〇六年のマーメイドステークスを優勝したのを皮切りに、二〇二〇年五月末までに合わせて四四頭がＪＲＡの重賞で計一一〇勝を挙げた。この数字は同時期ではサンデーサイレンス（三一一勝）、ディープインパクト（二三一勝）、キングカメハメハ（一一八勝）、ヒンドスタン（一一三勝）に次ぐ歴代五位の数字だ。

第二世代のドリームジャーニーが二〇〇六年の朝日杯フューチュリティステークスを制して産駒の初ＧⅠ勝ちを収めた。その後、ナカヤマフェスタ、オルフェーヴル、ゴールドシップ、フェノーメノなど平地では一〇頭がＧⅠ馬となった。障害で無敵のオジュウチョウサンという個性派もいて、ステイゴールド二世は大事なところで勝負強いのだ。

ヒトの親はよく「似て欲しくないところが似て、似て欲しいところは似ていない」と、わが子の気質を嘆くことが多い。あれほどＧⅠで苦戦したステイゴールドだが、その子どもたちは簡単に勝ってしまうから不思議だ。

二〇一九年には息子のウインブライトが香港のシャティン競馬場で行われたクイーンエリザベスⅡ世カップで優勝を果たした。父子二代にわたって海外ＧⅠを制したのは、ハーツクライ→ジャスタウェイ、アドマイヤラクティ、ロードカナロア→アーモンドアイに次いで四組目の快挙となった。

ステイゴールドが香港ヴァーズに出走した時、与えられた漢字の馬名は「黄金旅程」だった。現役時代の長く、ファンに愛された「旅程」といい、父を超えるような産駒が出現して花開いた種牡馬としての「旅程」といい、どちらも「黄金色」に輝いているように見える。二〇一五年に二一歳でこの世を去ってしまったが、死んでからも輝いた幸せなサラブレッドだった。

春

冬

IV
Winter

夏

秋

三連覇

二〇一七年一二月二日に中山競馬場で行われた第五一回ステイヤーズステークスは単勝オッズ一・三倍という断然の一番人気に支持されたアルバート（牡六歳、美浦・堀宣行厩舎）が優勝し、ステイヤーズステークス史上初の三連覇を果たした。

中央競馬の平地重賞で、もっとも距離の長い芝三六〇〇メートル戦。特徴のはっきりした、このレースを得意とする「マラソンランナー」はアルバート以前にも存在した。ピュアーシンボリ（一九八一、八二年）、スルーオダイナ（一九八八、八九年）、アイルトンシンボリ（一九九二、九三年）、デスペラード（二〇一三、一四年）と四頭が二連覇したし、フジノハイハット（一九七八、八〇年）とホットシークレット（二〇〇〇、〇二年）は年を置いて二勝している。しかし三連覇となると皆無。アルバートが初めてのケースとなった。

同一重賞の三年連続優勝という記録は中央競馬全体をみても数少ない。

平地では、それまで鳴尾記念のセカイオー（一九五六〜五八年）、金鯱賞のタップダンスシチー（二〇〇三～〇五年）、函館記念のエリモハリアー（二〇〇五～〇七年）、オールカマーのマツリダゴッホ（二〇〇七～〇九年）、阪神大賞典のゴールドシップ（二〇一三～一五年）の五例とアラブ品種によるセイユウ記念におけるシゲルホームラン（一九九三～九五年）の例があっただけだ。変わったところでは、フェイムゲームが二〇一四、一五年とダイヤモンドステークスを二連覇した後、八歳時の二〇一八年に優勝して同一重賞三勝を挙げた。三連覇以外の同一重賞三勝という記録はフェイムゲームがＪＲＡ史上唯一の例となっている。障害レースでは中山大障害・秋のバローネターフ（一九七七～七九年）、中山グランドジャンプのカラジ＝オーストラリア＝（二〇〇五～〇七年）、阪神ジャンプステークスのコウエイトライ（二〇〇六～〇八年）が達成していたが、二〇一九年にオジュウチョウサンが中山グランドジャンプ四連覇を達成し、これまでの記録をすべて塗り替えた。オジュウチョウサンは二〇二〇年にも中山グランドジャンプを制し、連覇の記録を「五」に伸ばした。

地方競馬では、中央と地方が交流するダートグレード競走でいくつかの三連覇が記録されている。

南部杯のブルーコンコルド（二〇〇六～〇八年）、ＪＢＣクラシックのヴァーミリアン（二〇〇七〜〇九年）、川崎記念のホッコータルマエ（二〇一四〜一六年）、ダイオライト記念のクリソライト（二〇一五〜一七年）、そして忘れてならないのがＪＢＣクラシックで初めての三連覇を記録したアドマイヤドン（牡、栗東・松田博資厩舎）だ。

ＪＢＣが創設されて二年目。二〇〇二年一一月四日、舞台は盛岡競馬場のダート二〇〇〇メートルだった。藤田伸二騎手を背にした三歳のアドマイヤドンは二着のプリエミネンスに七馬身という大きな差をつけて優勝した。その前走が菊花賞だったようにアドマイヤドンは三冠路線を歩んでいた。また前年の朝日杯フューチュリティステークスを制したように芝での実績も一流だった。しかし、その才能はダート路線に軸足を移してから大きく花開いたといえる。翌年のＪＢＣクラシックは大井競馬場に舞台を移して行われ、スターキングマンに三馬身差をつけて二連覇。二〇〇四年は再び大井競馬場で走り、二分二秒四という当時のコースレコードで見事に三連覇を果たした。二〇〇三、〇四年はＪＲＡ賞の最優秀ダートホースに輝き、〇三年はＮＡＲ（地方競馬全国協会）グランプリの特別表彰馬に選ばれた。

このアドマイヤドンの息子がステイヤーズステークスで史上初の三連覇を達成したアルバートである。父が三連覇目にコースレコードを叩き出したのと同様に、息子も三連覇目で一番速い勝ち時計をマークした。息の長い活躍を続ける遺伝子は確実に父から子へと受け継がれているようだ。

アルバートの林正道オーナーはレース後、報道陣に対し「ステイヤーズステークスの四連覇も考えてはいますが、一番勝ちたいのは春の天皇賞なんです」と話した。現役屈指の長距離ランナーは二〇一六、一七年と二年連続で京都競馬場の芝三二〇〇メートルに挑んだが、いずれもキタサンブラックの後塵を拝し、六着と五着に終わっている。思いはまだかなっていない。

中央競馬のサラブレッド平地重賞で三連覇を果たしているのは、どの馬も「個性派」と呼ぶにふさわしい特長のあるタイプばかりだが、タップダンスシチー、マツリダゴッホ、ゴールドシップと三頭のGI馬が含まれていることを考えると、実力がなければ三連覇という偉業は達成できないのかもしれない。

アルバートは二〇一八年のステイヤーズステークスにも四年連続で出馬登録をしたものの、レース当日になって右前脚の不調が見つかり、無念の出走取り消しとなった。そして翌二〇一九年に五度目のステイヤーズステークス出走を果たしたが、モンドインテロの積極策の前に四分の三馬身差届かず、惜しくも二着に終わった。二年ぶり四度目の優勝はならなかった。

アルバートのように息の長い活躍をするのは、長距離ランナーが多い気がする。そう感じるのはトウカイトリックがいたせいかもしれない。

ステイヤーズステークス（三六〇〇メートル）やダイヤモンドステークス（三四〇〇メートル）の勝者であるトウカイトリックは長距離戦を得意にした。そしてGI最長距離の天皇賞・春（三二〇〇メートル）に四歳時（二〇〇六年）から一一歳時（二〇一三年）まで八年連続出走を果たした。

どの世界にもスペシャリストは存在する。

多様性

二〇一四年一二月に行われた二歳牝馬のGIレース第六六回阪神ジュベナイルフィリ

ーズは出走馬一八頭の父馬がすべて違っていたことが話題になった。
枠順通りに出走馬と種牡馬を並べてみよう。

①ロカ（ハービンジャー）
②エフェクト（スクワートルスクワート）
③アルマオンディーナ（キンシャサノキセキ）
④ココロノアイ（ステイゴールド）
⑤スマートプラネット（ファルブラヴ）
⑥トーセンラーク（アルデバランⅡ）
⑦アカリアイドル（サクラバクシンオー）
⑧オーミアリス（ホワイトマズル）
⑨アローシルバー（スペシャルウィーク）
⑩クールホタルビ（マツリダゴッホ）
⑪レッツゴードンキ（キングカメハメハ）
⑫カボスチャン（タニノギムレット）

⑬コートシャルマン（ハーツクライ）
⑭ダイワプロパー（ダイワメジャー）
⑮レオパルディナ（スニッツェル）
⑯ショウナンアデラ（ディープインパクト）
⑰ダノングラシアス（マンハッタンカフェ）
⑱ムーンエクスプレス（アドマイヤムーン）

このようにＧⅠレースで全出走馬の種牡馬が違った例を探したところ、二〇〇九年一二月の第一〇回ジャパンカップダート（現チャンピオンズカップ）と二〇一八年一一月の第一八回ＪＢＣスプリントに行き着いた。この時の出走馬と種牡馬も列記しておきたい。

■第一〇回ジャパンカップダート（二〇〇九年、阪神競馬場）
①エスポワールシチー（ゴールドアリュール）
②サクセスブロッケン（シンボリクリスエス）

③アドマイヤスバル（アドマイヤボス）
④ヴァーミリアン（エルコンドルパサー）
⑤マコトスパルビエロ（ブライアンズタイム）
⑥メイショウトウコン（マヤノトップガン）
⑦ティズウェイ（ティズナウ）
⑧ダイショウジェット（クリプティッククラスカル）
⑨ゴールデンチケット（キングカメハメハ）
⑩ボンネビルレコード（アサティス）
⑪ラヴェリータ（アンブライドルズソング）
⑫シルクメビウス（ステイゴールド）
⑬スーニ（ソト）
⑭ワンダースピード（キンググローリアス）
⑮マルブツリード（アフリート）
⑯ワンダーアキュート（カリズマティック）

■第一八回JBCスプリント（二〇一八年、京都競馬場）

①ネロ（ヨハネスブルグ）
②ニシケンモノノフ（メイショウボーラー）
③キングズガード（シニスターミニスター）
④キタサンミカヅキ（キングヘイロー）
⑤マテラスカイ（スパイツタウン）
⑥グレイスフルリープ（ゴールドアリュール）
⑦ウインムート（ロージズインメイ）
⑧ナックビーナス（ダイワメジャー）
⑨セイウンコウセイ（アドマイヤムーン）
⑩ノブワイルド（ヴァーミリアン）
⑪アンサンブルライフ（アジュディケーティング）
⑫ラブバレット（ノボジャック）
⑬レッツゴードンキ（キングカメハメハ）
⑭モーニン（ヘニーヒューズ）

⑮テーオーヘリオス（フサイチペガサス）
⑯ノボバカラ（アドマイヤオーラ）

それぞれのレースの結果も記しておく。阪神ジュベナイルフィリーズはショウナンアデラが優勝し、二着はレッツゴードンキ、三着はココロノアイという決着だった。種牡馬で並べるとディープインパクト、キングカメハメハ、ステイゴールドとなる。ジャパンカップダートはエスポワールシチー、シルクメビウス、ゴールデンチケットの順で入線した。種牡馬でいうと、ゴールドアリュール、ステイゴールド、キングカメハメハとなる。ＪＢＣスプリントはグレイスフルリープ、マテラスカイ、キタサンミカヅキという結果だった。こちらはゴールドアリュール、スパイツタウン、キングヘイローとなった。

ディープインパクト、キングカメハメハ、そしてゴールドアリュールという首位種牡馬、実績種牡馬が上位入線馬を送り出す。きわめて順当な結果だった。価値があるのは多様なメンバーの中で勝ち抜いたことだ。均一的な集団は環境の変化に弱いといわれる。逆にさまざまなキャラクターが共存している集団は危機に強い。違う種牡馬の一八頭で争われた阪神ジュベナイルフィリーズは競馬界にとって健全なレースだったといえる。

二〇一四年一二月はディープインパクトのためにあったような月だった。JRA平地重賞一一レースのうち実に七レースで優勝馬を送り出した。金鯱賞のラストインパクトから有馬記念のジェンティルドンナまで独り舞台だった。だが年が変わると様相も変わった。一月は九つあったJRAの平地重賞でディープインパクト産駒は一勝もできなかった。しかもスクリーンヒーロー（シンザン記念＝グァンチャーレ）、ヴァーミリアン（フェアリーステークス＝ノットフォーマル）、アドマイヤドン（日経新春杯＝アドマイヤデウス）、ハービンジャー（京成杯＝ベルーフ）とこれが重賞初制覇となる種牡馬が続いた。

これはディープインパクトの「一頭独裁」にブレーキをかける多様化の動きが出てきたのだと僕は感じた。その分かれ道になったのが阪神ジュベナイルフィリーズだったのではないだろうか。

CM

二〇一八年のジャパンカップに向けて、テレビで流された日本中央競馬会（ＪＲＡ）のＣＭは、なかなか面白かった。

スタート直前の輪乗りが行われているスターティングゲートのすぐ近くの観客エリアで土屋太鳳が突然叫び出す。「私、すごいことに気づきました。この一番と三番、あと六と七。お父さんがおんなじなんです」。すると高畑充希が「ほんとだ。兄弟だ」と返す。続いて松坂桃李が「さらにすごいの気づいたんだけど……。ここにもそのお父さんの名前、書いてある」。「母の父」と高畑。

その後も何度かのやりとりがあり、最後は「名馬の子孫が走っている」というキャッチコピーでＣＭは締めくくられる。柳楽優弥を加え、ＪＲＡのＣＭに登場する四人は競馬初心者という設定だ。その後、中川大志、葵わかなの二人がキャラクターとして加わり、ＣＭを盛り上げる。彼らは初心者らしく、一部に不正確な知識も披露するが、この時のＣＭで僕は「いいところに気づいたね」とキャラクターたちに声をかけてやりたかった。

二〇一八年一二月九日に阪神競馬場で行われた第七〇回阪神ジュベナイルフィリーズは、血統に興味を持ち始めたファンに教えたくなるような見どころがいっぱい詰まったレースになった。

CMが予言していたように同一種牡馬の産駒が四頭出走した。ダイワメジャー産駒だ。枠順の内から順にジョディー、メイショウショウブ、サヴォワールエメ、グレイシア。ダイワメジャー産駒は二〇一五年にメジャーエンブレムが優勝し、翌二〇一六年はレーヌミノルが三着になるなど阪神ジュベナイルフィリーズでは好成績を残してきた。二〇一八年はメイショウショウブの六着が最高で、メジャーエンブレムの再現はできなかったが、GⅠレースに四頭を送り込むなど相変わらず二歳戦での強さを発揮する。阪神ジュベナイルフィリーズが終了した時点でJRAの二歳リーディングサイアーの部門では三位につけていた。競馬初心者に「ダイワメジャーの子は二歳戦に強いんだよ」と教えられる材料になる。

翌二〇一九年の阪神ジュベナイルフィリーズではダイワメジャー産駒のレシステンシアがレース新記録となる一分三二秒七（阪神競馬場、芝一六〇〇メートル）という猛時計で逃げ切り勝ちを収めた。

ダイワメジャーで思い出されるのは三歳年下の半妹ダイワスカーレットだ。桜花賞や有馬記念などGIレース四勝を挙げた名牝である。そのダイワスカーレットの同期のライバルがウオッカだった。

ウオッカの娘タニノミッションが二〇一八年の阪神ジュベナイルフィリーズに出走していた。

ウオッカもダイワスカーレットも母になり、二〇二〇年四月までにウオッカは五頭、ダイワスカーレットは七頭の産駒が中央競馬で走ったが、「名牝の子必ずしも名馬ならず」で、母に近づくような実績馬は出現していない。GIレースへの出走はタニノミッションが初めてだった。首を長くして名馬二世の誕生を待っていたファンにとってタニノミッションはついに現れた希望の星だった。

一勝馬同士の抽選をくぐり抜けて出走したタニノミッションはインコースでしぶとい走りを見せたが、七着になり、期待された母娘二代制覇はならなかった。

クロノジェネシスとビーチサンバの同期二頭の血統的な関係も見どころのひとつだった。二頭はともに一九九〇年に米国で生まれた牝馬ラスティックベルを礎にする同じ牝系に属する。ビーチサンバがラスティックベルの孫、クロノジェネシスがひ孫にあたる。

クロノジェネシスは優勝したダノンファンタジーと最後の直線で四〇〇メートルにわたるマッチレースを演じ、惜しくも半馬身差の二着に敗れ、ビーチサンバはこの二頭に続く三着になった。近い血統の同世代の二頭が続いてゴールした。同じ牝馬を祖先に持つ二頭はその後も同じ路線を歩み、三歳になった二〇一九年にはクイーンカップ、桜花賞、オークス、秋華賞で対戦した。いずれのレースでもクロノジェネシスがビーチサンバに先着している。

冒頭のＪＲＡのＣＭでは「その馬の息子と孫が一緒に走るってこと」「これ運動会だったら、なかなかの光景ですね」という会話がかわされる。

そう、サラブレッドの世界では名馬ほど色々なところで血統書に顔を出し、次世代にも影響を及ぼす。それは種牡馬だけでなく、牝馬にもいえる。世代交代の時間は人間と比べものにならないぐらい回転が速いので、「息子と孫が一緒に走る」ことも頻繁に起きる。

ＪＲＡのＣＭはきわめて基本的な競馬の常識を面白おかしく伝えていた。そして阪神ジュベナイルフィリーズはＣＭを現実にしてみせた。

豊作

二〇一八年一二月二三日に中山競馬場で行われた第六三回有馬記念は三歳のブラストワンピース（牡、美浦・大竹正博厩舎）が優勝した。

一六頭の出走馬の中でブラストワンピースは唯一の三歳馬だった。一頭だけ出走した三歳馬が有馬記念を制したのは、一九七五年のイシノアラシ、二〇一六年のサトノダイヤモンドに続く三度目のケースになった。

二〇一八年は二〇一五年に生まれた「三歳馬の年」になった。一一月のマイルチャンピオンシップでステルヴィオ（牡、美浦・木村哲也厩舎）が優勝したのを皮切りに、アーモンドアイ（牝、美浦・国枝栄厩舎）がジャパンカップを制し、一二月のチャンピオンズカップではルヴァンスレーヴ（牡、美浦・萩原清厩舎）が勝ち、ブラストワンピースの有馬記念へとつなげた。

現在、ＪＲＡの平地ＧＩで「三歳以上」を出走条件にするレースは全部で九レースある。日付順に安田記念、宝塚記念、スプリンターズステークス、天皇賞・秋、エリザベス女王杯、マイルチャンピオンシップ、ジャパンカップ、チャンピオンズカップ、有馬記念だ。三歳馬が一連のＧＩレースで年間四勝を挙げたのは史上初めての快挙だった。

これまでの最多は年間三勝で五度あった。しかし、このうち三度は外国調教馬がまじっていたり、同じ馬が二勝していたりした。三勝を別々の馬が挙げたのは二度だった。一九九八年は一九九五年生まれのエルコンドルパサーがジャパンカップ、マイネルラヴがスプリンターズステークス、グラスワンダーが有馬記念を制した。二〇〇一年は一九九八年生まれのクロフネがジャパンカップダート（現チャンピオンズカップ）、ジャングルポケットがジャパンカップ、マンハッタンカフェが有馬記念で優勝した。今回のように別々の四頭がそれぞれ一勝ずつ挙げるのは今後もないかもしれない出来事といっていい。

強い三歳世代がその翌年どんな成績を残したのか。エルコンドルパサーなどが四歳になった一九九九年とクロフネなどが年を重ねた二〇〇二年が該当年になる。

一九九九年は世代間で争う平地ＧＩで四歳が一一レース中七勝を挙げた。この世代のダービー馬スペシャルウィークが大活躍。天皇賞の春秋連覇を果たした上にジャパンカップも制した。グラスワンダーも健在で宝塚記念、有馬記念と春秋のグランプリをもぎ取った。

ところが二〇〇二年の四歳馬は一二レース中五勝しか挙げることができなかった。しかもこのうちの一勝は外国馬ファルブラヴのジャパンカップだった。尻すぼみの成績だった。

最終的に一九九五年生まれは他世代と対戦した平地重賞で計八四勝を挙げた。内訳はGIが一五勝、GIIが二三勝、GIIIが四六勝だ。これに対して一九九八年生まれは合計七〇勝。GIが一三勝、GIIが一七勝、GIIIが四〇勝という内容だった。

一九九五年生まれの平地重賞八四勝は、ここ二〇年あまりの世代の中では上位の成績といっていい。しかし上には上がいる。一九九九年生まれと二〇〇八年生まれの二世代はそれぞれJRAの平地重賞で九七勝、九四勝という数字を残している。

一九九九年組のダービー馬タニノギムレットはダービーを最後に現役を引退してしまったが、同レースで二着だったシンボリクリスエスが他の世代を相手に天皇賞・秋と有馬記念で二連覇を果たすなど大活躍。四六頭が重賞勝ちを収めた。シンボリクリスエスのほかに三歳以上、四歳以上のGIレースで優勝したのはデュランダル、ヒシミラクル、ファインモーション、アサクサデンエン、サニングデール、ゴールドアリュール、イングランディーレ、アドマイヤマックス、アドマイヤドンと九頭を数え、このほかに外国馬のブリッシュラック（米）、テイクオーバーターゲット（オーストラリア）、サイレントウィットネス（オーストラリア）も加わった。

ワインの世界で、ぶどうの出来がよく、おいしいワインができる年をビンテージイヤーと呼ぶそうだ。サラブレッドにもビンテージイヤー、当たり年があるとしたら、日本では一九九九年産だ。二〇一五年産がどこまで一九九九年産に近づけるか、そして追い越せるのか。

二〇一五年生まれは二〇一九年に入っても好調を続け、ミスターメロディ（高松宮記念）、フィエールマン（天皇賞・春）、ノームコア（ヴィクトリアマイル）、インディチャンプ（安田記念、マイルチャンピオンシップ）、タワーオブロンドン（スプリンターズステークス）、ラッキーライラック（エリザベス女王杯）が新たにＧＩ馬になり、海外でもメールドグラース（豪・コーフィールドカップ）とグローリーヴェイズ（香港ヴァーズ）が自身初のＧＩ制覇を達成した。二〇二〇年にもモズスーパーフレア（高松宮記念）が新メンバーに加わり、アーモンドアイ、フィエールマン、ラッキーライラックがＧＩでの勝ち星を伸ばした。ほかの世代と戦ってＧＩタイトルを手にした馬は三歳時に達成した四頭に海外で勝った馬を合わせ、一三頭にもなった。短距離から長距離、芝もダートもこなす質量ともにそろった世代だ。

二〇二〇年に五歳になった二〇一五年組の現役生活も、あと一、二年だろう。ビンテージイヤーのサラブレッドたちが最終的にどこまで勝ち星を伸ばすか、楽しみだ。

SS支配

一九九五年に始まった「サンデーサイレンス時代」は二〇〇七年まで続き、二〇〇八年に終わった。

一三年間、産駒の賞金獲得額最多のリーディングサイアーの座にあったサンデーサイレンスは二〇〇八年、ランキング七位に終わった。代わって首位に立ったのはサンデーサイレンスの息子アグネスタキオンだった。

アグネスタキオン産駒はこの年、キャプテントゥーレ（皐月賞）、ディープスカイ（NHKマイルカップ、ダービー）、リトルアマポーラ（エリザベス女王杯）、ダイワスカーレット（有馬記念）と四頭がGI合計五勝を挙げるなど計一二九勝を挙げ、三三億円あまりの賞金を稼いだ。

二位もサンデーサイレンス二世のフジキセキ。ファイングレイン（高松宮記念）、エイジアンウインズ（ヴィクトリアマイル）、カネヒキリ（ジャパンカップダート）と三頭がGI勝ちを収め、産駒は九四勝。獲得賞金は二四億円を超えた。三位はダンスインザダークでこれまたサンデーサイレンス二世。GI勝ち馬こそいなかったが、出走回数は最多の一三三七回にのぼり、賞金は二〇億円を超えた。

サンデーサイレンスは計四三勝で賞金は一八億二〇〇〇万円あまり。一九九四年から続けていたGI勝利もついに途絶えた。最盛期には年間三〇〇勝以上し、九〇億円以上稼いだことを思えば寂しい数字だが、さすがサンデーサイレンスという部分もある。サンデーサイレンスは二〇〇二年夏にこの世を去った。二〇〇八年、現役だったサンデーサイレンス産駒はすべて五歳以上。二歳から五歳までフルラインアップで挑んだアグネスタキオンとは層の厚さが違った。それでいて一頭当たりの賞金獲得額を表すアーニングインデックスは二・一五。トップ二〇位の中で唯一「二一」を超えたのは意地というしかない。

サンデーサイレンスの記録は偉大だ。

ダービー六勝、皐月賞七勝、春秋合わせた天皇賞九勝、有馬記念五勝などの成績は、いずれも各レースの歴代最多勝記録。一九九四年の朝日杯三歳ステークス（現朝日杯フューチュリティステークス、フジキセキ）に始まり、二〇〇七年有馬記念（マツリダゴッホ）まで産駒のＧⅠ勝利は合わせて「七一」。おそらく今後も破られることのない大記録だろう。

サンデーサイレンスが日本競馬に残した影響は計り知れない。産駒の勝ち星第一号は一九九四年六月一八日。札幌競馬場の新馬戦、南井克巳騎手（現調教師）が手綱を取ったキタサンサイレンスだった。二番人気に支持されていたキタサンサイレンスは二番手から抜け出し、二着に一馬身四分の一差をつけて快勝した。これがサンデーサイレンス産駒の初出走でもあった。翌月の札幌三歳ステークス（現札幌二歳ステークス）では一番人気のプライムステージ（岡部幸雄騎手）が優勝して重賞初制覇。キタサンサイレンスが二着になって上位独占を果たした。初のＧⅠ勝ちは、その年（一九九四年）一二月の朝日杯三歳ステークス（フジキセキ）、初のクラシック制覇は一九九五年皐月賞（ジェニュイン）とあっという間に日本の競馬を「制圧」した。

以来、二〇一〇年一月五日にアクシオンが中山金杯で勝利したのを最後に、産駒が中央競馬で積み重ねた勝利数は二七四九。二位で追うディープインパクトにまだ五〇〇勝以上の差をつけている。勝ち馬の数は八九九頭。このうち一三七頭が重賞勝ち馬となり、四二頭がGＩ馬となった。一七年間で産駒が得た賞金総額は実に七八〇億円を超えた。

日本に輸入された時の購買価格は一一〇〇万ドル、当時の為替レートで約一六億五〇〇〇万円だった。今となってはこんなに「安い買い物」はなかったといえるだろう。

リーディングサイアーの座を降り、表舞台から姿を消したかに見えるサンデーサイレンスではあるが、二〇〇八年のブルードメアサイアー（母の父）ランキングでは、二位のトニービンの倍近い六〇億円もの賞金を稼ぎ、堂々の首位になった。ヴァーミリアン（父エルコンドルパサー）、レジネッタ（父フレンチデピュティ）、トールポピー（父ジャングルポケット）、スクリーンヒーロー（父グラスワンダー）、セイウンワンダー（父グラスワンダー）と五頭がGＩを制した。ブルードメアサイアー部門では二〇〇六年に初めて首位に立った。

その後も母の父としての影響力は強烈で、ドゥラメンテ（父キングカメハメハ）が二〇一五年のダービーを制し、アーモンドアイ（父ロードカナロア）が二〇一八年に牝馬三冠を達成し、ジャパンカップもレコード勝ちした。母の父で産駒の賞金額を比べるブルードメアサイアーランキングでサンデーサイレンスは二〇一九年も首位になり、これで一四年連続のトップとなった。種牡馬として君臨した一三年より長期間になった。

父から母の父へ。形は変わったが、サンデーサイレンスが日本の競馬を支配している構図は少しも変化していないのかもしれない。

固め打ち

二〇一五年二月一日、キングカメハメハ産駒が一日で一一勝するという中央競馬の新記録を達成した。従来の記録はサンデーサイレンス産駒が一九九九年六月一二日に記録した一日九勝だった。

最初の勝ち星は京都競馬場の第二レースだった。三歳未勝利戦（ダート一八〇〇メートル）でトップディーヴォ（四位洋文騎手）が優勝した。二勝目も京都競馬場。第四レースの三歳五〇〇万下（ダート一八〇〇メートル）で白毛のブチコ（岩田康誠騎手）が快勝した。その後の優勝レースを列挙する。

京都第五レース、三歳新馬（芝二〇〇〇メートル）オメガゴールドレイ（岩田騎手）。京都第六レース、三歳五〇〇万下（芝一四〇〇メートル）ヤマカツエース（池添謙一騎手）。京都第七レース、四歳上五〇〇万下（ダート一八〇〇メートル）トゥザレジェンド（川田将雅騎手）。東京第七レース、四歳上五〇〇万下（ダート一六〇〇メートル）ラストダンサー（横山典弘騎手）。東京第八レース、四歳上五〇〇万下（芝一六〇〇メートル）トーキングドラム（F・ベリー騎手）。京都第九レース、稲荷特別（四歳上一〇〇〇万下、芝二〇〇〇メートル）キングストーン（岩田騎手）。東京第九レース、セントポーリア賞（三歳五〇〇万下、芝一八〇〇メートル）ドゥラメンテ（石橋脩騎手）。京都第一〇レース、松籟ステークス（四歳上一六〇〇万下、芝二四〇〇メートル）アドマイヤスピカ（岩田騎手）。そして最後は東京第一二レース、四歳上一〇〇〇万下（ダート二一〇〇メートル）ロワジャルダン（C・デムーロ騎手）だった。

京都競馬場での一日七勝は、これまたサンデーサイレンスが持っていた一日六勝（二〇〇〇年四月二日阪神競馬場）を更新する同一競馬場での新記録だった。キングカメハメハはこの日行われた東京と京都の全二四レースのうち一七レースに二八頭の産駒を送り込んでいた。芝で六勝、ダートで五勝。距離も一四〇〇〜二四〇〇メートルまで幅広い。オールマイティーなキングカメハメハ産駒らしい記録となった。岩田騎手とのコンビで四勝したのも目立ったし、一番人気になった六頭がすべて優勝したのも特筆される内容だった。

この日の活躍が効き、二〇一五年二月二三日の時点で、中央競馬ではキングカメハメハが種牡馬ランキング一位となった。そこまで二三六頭が三六五戦し、このうち四三頭が四六勝を挙げ、獲得賞金は八億一八八三万六〇〇〇円にのぼった。二位のディープインパクトは二一六頭が三一四戦し、二五頭が二七勝。賞金は七億四一六七万五〇〇〇円で、その差は七〇〇〇万円あまりだった。重賞レースでもキングカメハメハはラブリーデイ（中山金杯、京都記念）、ケイアイエレガント（京都牝馬ステークス）が計三勝を挙げ、二勝（東京新聞杯＝ヴァンセンヌ、共同通信杯＝リアルスティール）のディープインパクトを抑えていた。

キングカメハメハの幸運はサンデーサイレンスと出会えたことだろう。正確に言えばサンデーサイレンスを父に持つ牝馬との出会いだ。

キングカメハメハ産駒の中央競馬の重賞勝ち馬五六頭のうち二〇頭がこの組み合わせから誕生している。ローズキングダム、ミッキードリーム、トゥザグローリー、ソリタリーキング、アドマイヤロイヤル、ベルシャザール、コディーノ、ディアデラマドレ、トーキングドラム、ロワジャルダン、トゥザワールド、スズカデヴィアス、サクラアンプルール、クリプトグラム、ドゥラメンテ、トーセンビクトリー、マキシマムドパリ、チェッキーノ、エアスピネル、エアウィンザー。またサンデーサイレンス系であるダンスインザダーク、スペシャルウィーク牝馬との間からもリオンディーズ、ラブリーデイというGI勝ち馬を生んでいる。レッツゴードンキ（母の父マーベラスサンデー）、レッドジェニアル（母の父マンハッタンカフェ）というのも同じサンデーサイレンス系との組み合わせだ。

最高傑作といってもいいのがドゥラメンテだろう。キングカメハメハ産駒が大爆発した二月一日にセントポーリア賞に出走し、五馬身差の大勝を果たした。その後、皐月賞、ダービーと快勝した。母はエリザベス女王杯を二連覇したアドマイヤグルーヴという良血馬だ。キングカメハメハは二年目の産駒アパパネが桜花賞、オークス、秋華賞の「牝馬三冠」に輝いているが、皐月賞、ダービー、菊花賞の三冠レースで未勝利に終わっていた。ドゥラメンテは一族の夢であった三冠制覇をキングカメハメハ産駒六世代目で達成した。

ドゥラメンテの母系を眺めていると日本競馬の歴史を感じることができる。

母アドマイヤグルーヴの父はサンデーサイレンス、祖母エアグルーヴの父はトニービン、曽祖母ダイナカールの父はノーザンテースト、その母シヤダイフエザーの父はガーサントとさかのぼることができる。古い方から順に種牡馬名を並べると、ガーサント、ノーザンテースト、トニービン、サンデーサイレンス、そしてドゥラメンテの父がキングカメハメハとなる。この五頭はすべてリーディングサイアーに輝いたことのある名種牡馬だ。ドゥラメンテには日本の血統の粋が集められている。

二〇一九年八月に死んだキングカメハメハの後継種牡馬は有力候補の一頭がドゥラメンテだ。二〇二〇年六月七日、阪神競馬場で行われた二歳新馬戦ではアスコルターレ（牡、栗東・西村真幸厩舎）が優勝した。これが中央競馬におけるドゥラメンテ産駒の勝ち馬第一号となった。

ダイワスカーレット

ダイワスカーレット（牝五歳、栗東・松田国英厩舎）の引退が決定的になったのは、二〇〇九年二月一一日だった。フェブラリーステークス出走に向けて、一週前の追い切りを終えたダイワスカーレットの左前脚に異常が見つかった。浅屈腱の炎症だった。すぐにフェブラリーステークスの回避が決定され、続けてアラブ首長国連邦（UAE）で行われるドバイワールドカップの遠征中止も発表された。

五日後の一六日、大城敬三オーナー、生産者であり共同オーナーの社台ファーム・吉田照哉代表が会談し、現役引退が決定。一八日付で競走馬登録を抹消された。

あの素晴らしい走りが二度と見られない。名牝の引退をとても残念に思ったが、その一方で無事に生まれ故郷に戻れることを喜んだのも覚えている。

彼女の素晴らしさは十分すぎるほどわかった。ウオッカを突き放した二〇〇七年の桜花賞、牝馬として三七年ぶりに優勝した二〇〇八年の有馬記念。そして、二センチ差で二着に涙をのんだ二〇〇八年秋の天皇賞。どのレースも見る者にインパクトを与えてきた。通算一二戦八勝、二着四回の連対率一〇割の完璧な成績で七億八六六八万五〇〇〇円の賞金を稼いだ。二〇一九年終了時点で、牝馬としてはブエナビスタ、ジェンティルドンナ、ウオッカ、アーモンドアイ、リスグラシュー、エアグルーヴに次ぐ歴代七位の賞金獲得額だ。「世界制覇」という最後で最大の夢を実現することはできなかったが、体が悲鳴を上げている。これ以上無理をさせてはいけない。現役引退は馬を愛する関係者の正しい選択だったと思う。

引退発表と同時に明らかにされたのが、その年の種付け相手だった。日本では新種牡馬となるチチカステナンゴである。

チチカステナンゴはフォルティノを父祖に持つ系統で、日本ではタマモクロス、アドマイヤコジーン、スターオブコジーンなどと同じ父系だ。毛色もタマモクロスと同じく芦毛である。一九九八年に生まれた。現役時代はフランスで一四戦し、四勝を挙げた。

四勝のうち二〇〇一年のリュパン賞（芝二一〇〇メートル）とパリ大賞典（芝二〇〇〇メートル）、二つのGI優勝がある。JRAで四勝した牝馬ランペイア（父アグネスタキオン）はチチカステナンゴの六歳下の半妹に当たる。ランペイアがダイワスカーレットと同じ松田国英調教師に育てられていたのも何かの縁を感じさせる。

チチカステナンゴは二〇〇一年いっぱいで現役を引退し、二〇〇二年から種付けを開始した。二〇〇五年に生まれたヴィジョンデタが代表産駒だ。ヴィジョンデタは二〇〇七年九月にデビューし、四連勝で臨んだ二〇〇八年のフランスダービーを制し、無敗のダービー馬となった。秋初戦のニエル賞にも勝ってデビュー以来六連勝。勇躍挑んだ凱旋門賞では優勝したザルカヴァに遅れること三馬身あまりの五着に終わり、生涯初の黒星を喫した。

ダイワスカーレットの引退が種付けシーズンに間に合ったことは不幸中の幸いだった。二〇一〇年春、ダイワスカーレットの第一仔となる牝馬が誕生した。ダイワレーヌと名付けられた、その馬は母と同じく栗東トレーニング・センターの松田国英厩舎に預けられた。だが母のような成績を残すことはできず、わずか四戦しただけで現役を引退し、繁殖牝馬となった。

不思議なことが続いた。ダイワスカーレットはその後も毎年のように子どもに恵まれたが、なぜか生まれてくるのは牝馬ばかりだった。ダイワレーヌの後、二〇一一年に生まれたダイワレジェンド（父キングカメハメハ）、二〇一二年生まれのダイワミランダ（父ハービンジャー）、二〇一三年のダイワウィズミー（父キングカメハメハ）、二〇一四年のダイワエトワール（父エンパイアメーカー）、二〇一五年のダイワメモリー（父ノヴェリスト）、二〇一七年のダイワクンナナ（父ノヴェリスト）、二〇一八年生まれの子（父エイシンフラッシュ）、そして二〇一九年生まれの子（父ロードカナロア）もまた牝馬なのだ。種付け相手が代わっても、産駒の性別は変わらない。

牝馬として史上最強レベルの競走能力を示したダイワスカーレットは同時に日本有数の名繁殖牝馬という血統的背景を持っている。

一九七一年五月五日、米国で生まれたスカーレットインクという牝馬がいた。たった一戦しただけで現役を引退。一九七三年には日本に輸入された。スカーレットインクの九番目の仔が、ダイワスカーレットや天皇賞馬ダイワメジャーを産んだスカーレットブーケである。

スカーレットインクを祖にする母系は次々と活躍馬を送り出している。ダイワメジャー、ダイワスカーレットのダイワ兄妹のほか、ダートの強豪サカラート、ヴァーミリアンの兄弟、ダートグレード競走で勝ち星を重ねたトーセンジョウオー、二〇〇二年の桜花賞二着馬ブルーリッジリバーなどがそうだ。俗に「くずの出ない血統」などというが、スカーレット一族は「活躍馬しか出ない血統」といってもおかしくないほどだ。

これまでのところ、ダイワスカーレットは直接、大物を出産してはいないが、これだけ牝馬を残しているということは、いつかこの牝系からとてつもない名馬が飛び出すような気がする。

隔世

二〇一八年二月一一日に東京競馬場で行われた第五二回共同通信杯は六番人気のオウケンムーン（牡三歳、美浦・国枝栄厩舎）が優勝し、父のオウケンブルースリにＪＲＡ

重賞初勝利をプレゼントした。

二〇〇八年の菊花賞馬オウケンブルースリだが、産駒は数少ない。種牡馬一年目の二〇一三年には二三頭に種付けし、翌年一三頭が誕生した。その後の種付け頭数は一二頭、九頭、八頭と少しずつ減り続け、二〇一七年はついに一頭になった。

産駒が競走年齢の二歳に達した二〇一六年七月にライフラインが初出走したのを皮切りに、二〇一九年末までにJRAで二三頭が一四二戦し、五頭が計八勝を挙げている。オウケンムーンがこのうち三勝。残りの五勝はカルカリーナ（牝、栗東・松下武士厩舎）が二勝、プリモガナドール（牝、栗東・本田優厩舎）、ドラゴンハート（牡、美浦・小西一男厩舎）、プレイングラン（牡、美浦・小西一男厩舎）がそれぞれ一勝したものだ。そんな数少ない産駒の中から重賞勝ち馬が出現したのは幸いだった。オウケンムーン、オウケンブルースリの馬主である福井明さんは共同通信杯のレース後、「この勝利でオウケンブルースリの種付けが増えることになればいい」と話した。実際に二〇一八年のシーズンには一八頭の種付けを行った。前年の一頭から大幅増である。

オウケンムーンの父系をさかのぼると、父はオウケンブルースリで、その父はジャングルポケットとなる。二〇〇一年のダービーを制したジャングルポケットは同年秋のジャパンカップでも優勝し、日本産の三歳馬として史上初めてのジャパンカップ制覇を果たした。二〇〇二年の有馬記念を最後に現役を引退するまで一三戦五勝の成績を残した。

その五勝のうちの一勝が共同通信杯である。三戦二勝。すでに重賞の札幌三歳ステークス（現札幌二歳ステークス）のタイトルを持っていたジャングルポケットは一番人気の支持を受け、二着以下に二馬身差をつける内容で通算三勝目を挙げた。

ジャングルポケットとオウケンムーン。一七年後に孫が祖父と同じ重賞レースを制したことになる。

父子三代同一重賞制覇としてはメジロアサマ→メジロティターン→メジロマックイーンの天皇賞の例が有名だが、このように祖父と孫は勝っているが、間に入った父は勝てなかった、出走していなかったという例はあるのだろうか。懸命に調べた結果、共同通信杯以外のケースを二例見つけることができた。

一件目はＡＪＣ杯（アメリカジョッキークラブカップ）だった。一九八二、八三年に二連覇したアンバーシャダイが息子のメジロライアンを挟んで一九九八年にメジロブライトの優勝に結びつけたケース。もう一件は有馬記念で、一九九八、九九年に連覇した米国産のグラスワンダーがスクリーンヒーローを挟んで二〇一五年の優勝馬ゴールドアクターにつないだ例。手作業であるし、古いレースは調べ切れなかったので完全とはいえないが、以上の二例は確かにオウケンムーンと同じパターンだった。

オウケンムーンの例でいうと、ジャングルポケットは共同通信杯、ダービー、ジャパンカップと東京競馬場では三戦して三勝と抜群の相性の良さを見せていた。その息子オウケンブルースリは二〇〇九年のジャパンカップで二着に健闘したことはあるものの、東京競馬場では九戦して未勝利だった。オウケンムーンが初出走の東京競馬場を苦にしなかったのは祖父から受け継いだ「隔世遺伝」なのかもしれない。

アンバーシャダイ→メジロライアン→メジロブライト、グラスワンダー→スクリーンヒーロー→ゴールドアクターの二つのケースではいずれも父子三代とも同じレースに挑んでいるが、真ん中に挟まれた二代目だけはタイトルに届いていない。

メジロライアンは一九九二年のＡＪＣ杯で一番人気に支持された。前年の宝塚記念で初のＧＩ勝利を飾っていた。だがＡＪＣ杯では逃げたトウショウファルコを捉えることができず、まさかの六着に終わった。スクリーンヒーローもジャパンカップを制した勢いで二〇〇八年の有馬記念に臨んだが、こちらもダイワスカーレットの逃げ足の前に本領を発揮することができず、五着という成績だった。

二〇一九年九月二二日、第六七回神戸新聞杯で単勝一・四倍の圧倒的な一番人気に支持されたサートゥルナーリア（牡三歳、栗東・角居勝彦厩舎）が素晴らしいパフォーマンスを披露して優勝した。最後の六〇〇メートルを三二秒三という究極ともいえるスピードで駆け抜け、二着のヴェロックスに三馬身差をつけてみせた。サートゥルナーリアの父はロードカナロア、ロードカナロアの父はキングカメハメハとつながる。

二〇〇四年のダービー馬キングカメハメハはダービー優勝後の秋初戦に神戸新聞杯を選び、単勝一・五倍の一番人気に応えて、勝利を収めた。圧倒的な一番人気だった点、素晴らしい末脚で二着を子ども扱いした点。祖父と孫は同じようなレースぶりで、同じ重賞を制してみせた。キングカメハメハとサートゥルナーリアの間に挟まったロードカナロアは三歳の秋、進路を短距離路線へと向けており、神戸新聞杯には出走していない。ジャングルポケット→オウケンブルースリ→オウケンムーンと同じパターンが一年半後に出現したわけだ。

テスコボーイ（英国産）やノーザンテースト（カナダ産）、サンデーサイレンス（米国産）など外国産種牡馬が長くリーディングサイアーとして君臨した日本の競馬界だが、近年は内国産種牡馬が上位を占める。内国産馬がつなぐオウケンムーンやサートゥルナーリアのようなケースは今後も増えていくことが予想される。

牝馬

二〇二〇年二月は特別な二月になった。性別を問わないＪＲＡの重賞レースで牝馬が頑張り、好成績を収めたのだ。

二日に京都競馬場で行われた第二五回シルクロードステークスでは、一八頭立てで三番人気だったアウィルアウェイ（牝四歳、栗東・高野友和厩舎）が優勝。二着にも六番人気のエイティーンガール（牝四歳、栗東・飯田祐史厩舎）が食い込んだ。一〇頭が出走していた牡馬はナランフレグが三着になったのが最高の成績だった。

芝一二〇〇メートルで争われるシルクロードステークスで牝馬が一、二着を独占したのは二〇一四年にストレイトガールが優勝し、レディオブオペラが二着になった時以来六年ぶりのことだった。この時にはリトルゲルダが三着になり、上位三頭を牝馬が独占した。

翌週の二月九日、東京競馬場であった第七〇回東京新聞杯では一六頭立て四番人気のプリモシーン（牝五歳、美浦・木村哲也厩舎）が一着となり、六番人気のシャドウディーヴァ（牝四歳、美浦・斎藤誠厩舎）が二着になった。東京新聞杯で牝馬が優勝したのは二〇一八年のリスグラシュー以来二年ぶりで史上一〇頭目だったが、牝馬の一、二着独占となると一九七八年までさかのぼらなければならないほどの珍事だった。

一九七八年の東京新聞杯は現在の芝一六〇〇メートルとは違い、芝二〇〇〇メートルで開催されていた。優勝したのは中島啓之騎手が手綱を取ったスズサフラン（牝五歳、仲住芳雄厩舎）。二着は吉永正人騎手のシービークイン（牝五歳、松山吉三郎厩舎）だった。

スズサフランは現役時代に計七勝を挙げたが、東京新聞杯が最後の勝ち星となった。翌一九七九年まで現役で走り、引退後は繁殖牝馬になった。繁殖生活の中で送り出した最高傑作はラッキーソブリンとの間に産んだスズマッハだ。通算二一戦三勝、重賞レースはエプソムカップの一勝だけと勝ち星には恵まれなかったが、一九八四年のダービーではシンボリルドルフの二着、一九八五年の安田記念ではニホンピロウイナーの二着とGⅠ戦線でも活躍した。

面白いのは、東京新聞杯でスズサフランの二着になったシービークインも、スズサフランと同様、繁殖牝馬になってから競馬史に名を刻んだことだ。

シービークインの唯一の産駒はミスターシービー（父トウショウボーイ）である。一九八三年に皐月賞、ダービー、菊花賞を制し、セントライト、シンザンに次ぐ史上三頭目の三冠馬になり、四歳秋には天皇賞でも優勝した。

シルクロードステークス、東京新聞杯と二週続けて牝馬のワンツーが起こり、びっくりしていたら、二月一六日の第一一三回京都記念（京都競馬場）でも同じことが起きた。二度あることは三度ある、だ。

伝統のレースを制したのは二〇一九年の秋華賞馬クロノジェネシス（牝四歳、栗東・斉藤崇史厩舎）だった。二着になったのは前年のジャパンカップで二着だったカレンブーケドール（牝四歳、美浦・国枝栄厩舎）である。並み居る牡馬を相手にクロノジェネシスが一番人気、カレンブーケドールが二番人気の支持を受け、その通りの結果を出した。大したものだ。

二〇一九年に性別を問わないＪＲＡ重賞で牝馬が一、二着を独占したのは年間で三度しかなかったのが、二〇二〇年二月はたった一か月で三度も達成された。

近年の牝馬の強さは目を見張るものがある。何よりの証拠がＪＲＡ賞の年度代表馬だろう。

二〇一〇年がブエナビスタ、二〇一二年と二〇一四年がジェンティルドンナ、二〇一八年がアーモンドアイ、そして二〇一九年がリスグラシューと最近一〇年で半分の五回は牝馬が年度代表馬に選ばれている。

最近の「牝馬の時代」が始まったのはウオッカとダイワスカーレットがそろった二〇〇四年世代が出てきたころからだ。両馬が真っ向勝負を演じた二〇〇八年の天皇賞・秋は今でも語り継がれる名勝負だ。このように性別を問わないＪＲＡのＧⅠで牝馬が一、二着を独占したのは二〇一三年のジャパンカップが最後になっていた。ジェンティルドンナが優勝し、デニムアンドルビーが二着のレースだ。

二〇二〇年二月に起きていた牝馬の活躍は、その後に起きることの前兆だった。三月に行われた高松宮記念でモズスーパーフレア（牝五歳、栗東・音無秀孝厩舎）が優勝、二着にグランアレグリア（牝四歳、美浦・藤沢和雄厩舎）が入った。このレースは一位入線のクリノガウディー（牡四歳、栗東・藤沢則雄厩舎）が走行妨害のため四着に降着になった経緯はあったものの、結果的に牝馬が一、二着を独占する形になった。

その後、四月の大阪杯ではラッキーライラック（牝五歳、栗東・松永幹夫厩舎）が優勝、クロノジェネシスが二着とまた牝馬が上位を占めた。さらに六月の安田記念ではグランアレグリアが優勝し、アーモンドアイ（牝五歳、美浦・国枝栄厩舎）が二着になった。仕上げは春シーズン最後の宝塚記念だった。二番人気のクロノジェネシスがレース史上最大となる六馬身差の圧勝で牡馬勢を完封した。性別を問わないGⅠレースで、二〇二〇年前半、牝馬が四勝も挙げた。かつてない牝馬の快進撃だ。

波乱の主役

二〇一四年二月二三日、この年の中央競馬の最初のGⅠレース、第三一回フェブラリーステークスが東京競馬場で行われた。レースは単勝一六番人気のコパノリッキー（牡四歳、栗東・村山明厩舎）が優勝し、競馬ファンをアッと驚かせた。

一六頭立ての一三番枠からスタートすると、逃げるエーシントップを見ながら、二番手でレースを進めた。田辺裕信騎手は「砂をかぶらないよう気をつけた」という。馬群でもまれるのを避けて、気分良く走らせることを心がけた。ゴールまで残り四〇〇メートルあたりで先頭に立ってからも追い出しをぎりぎりまでがまんした。外から二番人気のホッコータルマエに並びかけられたが、粘りに粘った。半馬身差をつけて飛び込んだ先が栄光のゴールだった。

出走馬一六頭中最低の一六番人気。一九八四年にグレード制が導入されて以降、中央競馬のＧⅠレースで最低人気馬が優勝したのは、これが四度目のことだった。一九八九年のエリザベス女王杯で二〇頭立て二〇番人気のサンドピアリスが最初で、二度目は二〇〇〇年のスプリンターズステークス、一六番人気のダイタクヤマトが記録した。三度目は障害レース、二〇〇一年の中山大障害で一〇番人気のユウフヨウホウが優勝している。

コパノリッキーは二〇一三年五月に地方・園田競馬場であった兵庫チャンピオンシッ

プ（ダート一八七〇メートル）で二着のベストウォーリアに六馬身もの差をつけて快勝。この時点で三歳最強ダートホースという評価を受けていた。ところが好事魔多し。ダービー出走を目指していたが、右前脚の骨折が見つかり、戦線を離脱した。一一月の霜月ステークスで復帰を果たすが、一番人気で一〇着。続く一二月のフェアウェルステークスでも三番人気で九着と期待を裏切る結果しか残せなかった。復帰後二度の敗戦がコパノリッキーの人気を大きく落とす要因になった。またフェブラリーステークスは出走できるかどうかも未確定で、ケイアイレオーネとの抽選待ちという状況だった。

村山明調教師は今回のレースに向け、トレーニング法を変えたという。坂路中心だったのを、負荷をかける意味でウッドチップコースでの調教を採り入れるようにした。松田国英調教師や角居勝彦調教師の下で働き、クロフネやキングカメハメハ、ウオッカなどの手綱を取った経験のある村山調教師がそこで感じたのは「一流馬には強い調教が必要」ということだった。能力が高いことがわかってはいても一度骨折をしているコパノリッキーにはどうしても手加減することになっていた。心を鬼にして調教量を増やした結果がフェブラリーステークスの優勝につながった。

コパノリッキーは父ゴールドアリュール、母コパノニキータ、母の父ティンバーカントリーという血統。父ゴールドアリュールも二〇〇三年のフェブラリーステークスを制しており、父子二代制覇となった。二〇一〇年に優勝したエスポワールシチーもゴールドアリュール産駒だった。

四歳馬の優勝はフェブラリーステークスがＧⅠレースに昇格した一九九七年以降では、シンコウウインディ（一九九七年）、ゴールドアリュール（二〇〇三年）、メイショウボーラー（二〇〇五年）、カネヒキリ（二〇〇六年）、サクセスブロッケン（二〇〇九年）に次ぐ六頭目の記録だった。

コパノリッキーのフェブラリーステークスの単勝配当は二万七二一〇円。サンドピアリスの四万三〇六〇円に次いでＧⅠ史上二番目の高配当になった。しかし旧八大競走にまで範囲を広げるともっとすごい単勝配当を残した馬がいる。

一九四九年のダービー優勝馬タチカゼだ。二三頭が出走したレースは圧倒的な一番人気に支持されたトサミドリが暴走気味に逃げる予想外の展開になった上、二頭が落馬、一頭が競走中止する波乱が起きた。先頭でゴールしたタチカゼは一九番人気で単勝の配当は五万五四三〇円。単勝票数六万六四九五票のうちタチカゼに投じられたのは、わずかに七二票だった。この高配当の記録はいまだに破られることなくＧⅠ級レースのレコードとして生き残っている。

タチカゼは関西の伊藤勝吉調教師が手がけていた。二歳時は三戦一勝だった。三歳になって三戦一勝の成績を残し、ダービー出走を目指して上京した。しかし前哨戦は六頭立ての五着に終わった。その内容に落胆した伊藤調教師は近藤武夫騎手に「無事にゴールしてくればいいから」と言い残して、関西に戻った。ダービーの当日、京都競馬場の事務所で「タチカゼ優勝」の報に触れた伊藤調教師は「何かの間違い」としばらく現実に起こったことを信じなかったというエピソードが残っている。

ちなみに中央競馬全体の単勝最高配当は五万六九四〇円。二〇一四年四月二六日、福島競馬第八レースの「四歳以上五〇〇万下」（現一勝クラス）で一六頭立て一六番人気のリバティーホールが記録した。

逆襲

二〇一七年、中央競馬最初のＧⅠレース、第三四回フェブラリーステークスは二番人気のゴールドドリーム（牡四歳、栗東・平田修厩舎）が優勝し、自身初のＧⅠタイトルを獲得した。ゴールドドリームは、前走のチャンピオンズカップで一二着に終わっていた。

前走で二けた着順だった馬が「復活」のＧⅠレース優勝を遂げるというケースは珍しい。あまり記憶になかったので、改めて調べてみた。対象は一九八六年以降の平地ＧⅠで、外国調教馬はのぞいた。

【一九八六年】
ダイナガリバー＝皐月賞一〇着→ダービー一着
【一九八七年】
メジロデュレン＝鳴尾記念一〇着→有馬記念一着
【一九八九年】
イナリワン＝ジャパンカップ一一着→有馬記念一着
【一九九〇年】

オグリキャップ＝ジャパンカップ一一着→有馬記念一着
【一九九二年】
メジロパーマー＝天皇賞・秋一七着→有馬記念一着
【一九九三年】
トウカイテイオー＝有馬記念一一着→有馬記念一着
【一九九六年】
ファビラスラフイン＝NHKマイルカップ一四着→秋華賞一着
ジェニュイン＝天皇賞・秋一四着→マイルチャンピオンシップ一着
【二〇〇〇年】
キングヘイロー＝フェブラリーステークス一三着→高松宮記念一着
チアズグレイス＝チューリップ賞一〇着→桜花賞一着
【二〇〇一年】
トロットスター＝安田記念一四着→スプリンターズステークス一着
ゼンノエルシド＝スプリンターズステークス一〇着→マイルチャンピオンシップ一着
タムロチェリー＝ファンタジーステークス一〇着→阪神ジュベナイルフィリーズ一着

【二〇〇七年】
ピンクカメオ＝桜花賞一四着→ＮＨＫマイルカップ一着
マツリダゴッホ＝天皇賞・秋一五着→有馬記念一着
【二〇〇八年】
ブラックエンブレム＝ローズステークス一五着→秋華賞一着
【二〇〇九年】
ロジユニヴァース＝皐月賞一四着→ダービー一着
ローレルゲレイロ＝セントウルステークス一四着→スプリンターズステークス一着
【二〇一二年】
ビートブラック＝阪神大賞典一〇着→天皇賞・春一着
オルフェーヴル＝天皇賞・春一一着→宝塚記念一着
【二〇一三年】
メイショウマンボ＝桜花賞一〇着→オークス一着
【二〇一四年】
ヴィルシーナ＝阪神牝馬ステークス一一着→ヴィクトリアマイル一着

【二〇一五年】

ストレイトガール＝高松宮記念一三着↓ヴィクトリアマイル一着

以上二三例もあった。ゴールドドリームを加えると二四例になる。このうち最大の巻き返しといえるのが二〇〇八年秋華賞のブラックエンブレム（牝三歳、美浦・小島茂之厩舎）だ。桜花賞で一〇着、オークスで四着と春シーズンは結果を残すことができなかったブラックエンブレムは、秋初戦のローズステークスに臨んだ。オークス四着が認められ、四番人気の支持を受けたが、先行策から伸び切れず、勝ったマイネレーツェルから二秒一も離された一五着に終わった。休み明けをたたいて挑んだ秋華賞では一一番人気と評価を下げたが、このレースでは岩田康誠騎手を背にインの経済コースを進み、桜花賞馬レジネッタ、オークス馬トールポピーなどを下し、初めてのGI制覇を果たした。ただ一一番人気とはいえ、単勝の払い戻しは二九九〇円とまったくの人気薄というわけではなかった。

単勝の払い戻しでアッと驚かせたのは二〇一二年天皇賞・春のビートブラック（牡五歳、栗東・中村均厩舎）だ。阪神大賞典では勝ったギュスターヴクライから四秒〇差の一〇着と大敗を喫したが、天皇賞・春では二周目の三コーナーすぎで先頭に立つと、そのまま後続を引き離して優勝した。石橋脩騎手にとってはデビュー一〇年目で初のGⅠ優勝となった。単勝の配当は一万五九六〇円。今でも天皇賞・春の単勝配当の最高記録として健在だ。

この波乱の天皇賞・春で一番人気になりながら一一着同着に敗れたのが三冠馬オルフェーヴルだった。前走・阪神大賞典ではレース途中で走るのをやめそうになり、再度走り直すという前代未聞のレースで二着になっていた。調教再審査に合格しての出走だったが、末脚は不発に終わった。

しかし「お騒がせ」オルフェーヴルはそのままでは終わらない。次に向かった宝塚記念ではルーラーシップに二馬身差をつける快勝で自身五つ目のGⅠ制覇を果たし、前走二けた着順からの巻き返しに成功している。

有馬記念での大逆転が目立つ。一九八七年のメジロデュレンから二〇〇七年のマツリダゴッホまで約二〇年間で六度も波乱が起きている。一九九三年、トウカイテイオー（牡五歳、栗東・松元省一厩舎）は前年の有馬記念で一一着に終わって以来、丸一年ぶりの実戦というブランクを乗り越えて優勝した。

三冠馬シンボリルドルフ二世で三歳時に皐月賞、ダービー、四歳時にジャパンカップを制した人気馬だったため、常識的にはとても無理だと思われた一年ぶりの有馬記念で優勝しても、単勝は四番人気で九四〇円という低配当だった。

子宝

二〇〇九年三月一日の阪神競馬場でニシノホウギョク（牡三歳、栗東・河内洋厩舎）が新馬勝ちするのを、僕は中山競馬場の記者席にあるモニター画面で見ていた。

「すごいですよね。デユプリシトの子がまだ走っているんですから。しかも優勝」。レースが終わって、そう声をかけて来たのは他社の後輩記者だった。ニシノホウギョクはデユプリシトが二一歳の時に産んだ牡馬なのだ。

一九八五年、父ダンジグ、母ファビュラスフラウドとの間に米国で生まれたデユプリシトは実戦を経験することなく未出走のまま、一九八九年、日本に輸入された。おなかの中にはマジェスティックライトの子が宿っていた。

来日後、北海道の西山牧場で誕生したデュプリシトの初子は牝馬だった。のちの桜花賞馬ニシノフラワーである。ニシノフラワーは抜群のスピードを持っていた。一九九一年七月のデビューから四連勝。年明け初戦のチューリップ賞でアドラーブルの二着に敗れたが、桜花賞では見事に雪辱を果たした。オークス七着、ローズステークス四着、エリザベス女王杯（当時は三歳牝馬限定戦だった）三着と三歳牝馬路線を歩んだが、エリザベス女王杯を最後に、短距離路線に進路を取った。

これが大正解。三歳暮れのスプリンターズステークスでは河内洋騎手（当時）の激励に応えて、最後の直線で矢のような伸びを見せ優勝した。ヤマニンゼファーやダイタクヘリオスなど、この時点でGⅠタイトルを持っていた馬を下し、のちの短距離王者サクラバクシンオーにも決定的な差をつけた。

一九九三年一二月のスプリンターズステークス三着を最後に現役を引退した。通算一六戦七勝。GⅠ・三勝、GⅡ・二勝、GⅢ・一勝の素晴らしい成績だった。

最初から名馬を産んだデュプリシトはその後もコンスタントに出産を続けた。ブランドカメリア（牝、一九九〇年生まれ）、ブランドセレナーデ（牝、一九九一年）、ニシノパラダイス（牡、一九九二年）、ニシノファイナル（牝、一九九三年）、ニシノテンモン（牝、一九九四年）、ニシノシルクロード（牝、一九九五年）、ニシノボナリー（牝、一九九六年）、ニシノマンゲツ（牝、一九九七年）、ニシノマイヒメ（牝、一九九八年）、ニシノキンタロウ（牡、一九九九年）、ニシノザイラー（牡、二〇〇〇年）、ニシノブラッサム（牝、二〇〇一年）、ニシノタカラヅカ（牝、二〇〇三年）、ニシノオトコギ（牡、二〇〇四年）、ニシノシャア（牡、二〇〇五年）、ニシノホウギョク（牡、二〇〇六年）と二〇〇二年に産駒がいなかった以外は毎年出産し、一七頭の産駒が中央競馬に登録された。

一般的に「高齢の母馬から名馬は生まれにくい」といわれる。

この時期の活躍馬でいえば、母マイケイティーズが五歳で出産したアドマイヤムーンや、母マイヴィヴィアンが六歳で産んだメイショウサムソン、母スカーレットレディが七歳で産んだヴァーミリアンらは、その中でも特に若い母から生まれた例である。

逆に高齢の母から誕生したGＩ馬はブルーメンブラット（母マイワイルドフラワーが一七歳で出産）ぐらいしか見当たらない。俗説は当たっているようだ。

ニシノホウギョクのすごい点は母も高齢だが、父ブライアンズタイムも一九八五年生まれで、ニシノホウギョクの種付けをした時が二〇歳だった点だ。ニシノホウギョクは両親の年齢を合計すると四二歳の時に生まれている。

ニシノホウギョクの新馬勝ちに驚いていた翌週、三月七日の中山競馬場で行われたオーシャンステークスを制したのは、連闘で挑んだアーバニティ（牡五歳、美浦・古賀慎明厩舎）だった。マンハッタンカフェを父に持つ黒鹿毛馬はなんと、母レガシーオブストレングスが二二歳の時に産んだ仔である。上には上がいる。

◇

それから四年後、二〇一三年のダービーを制したキズナ（父ディープインパクト）は、母キャットクイルが二〇歳の時に出産した馬だったことは、「母と子の絆」で触れた。

おわりに

新型コロナウイルスは競馬の世界にも深刻な影響を及ぼした。

五月に行われる予定だった米国のケンタッキーダービーは九月に延期された。毎年六月に行われる英国ダービーは七月に順延され、史上初めて英国オークスと同日開催になった。一七八〇年創設の伝統あるレースも、ウイルスの猛威の前に予定変更を余儀なくされた。レースの中止や無観客開催、賞金の減額。英米ばかりでなく、アイルランドやフランス、オーストラリアや香港、アラブ首長国連邦といった競馬主要国も大なり小なり新型コロナウイルスの影響を受けた。

そうした中、ウイルスの影響を最小限に抑え、淡々と日程をこなした国がある。それが日本だ。日本中央競馬会（ＪＲＡ）は二月二九日から観客を入れない無観客開催をスタートし、場外馬券売り場なども営業を停止した。「競馬を続ける」という一点に集中し、ウイルス感染拡大のリスクを遠ざけた。競馬は馬券の売り上げがおもな収入源だ。以前から電話・インターネットによる投票システムを整備してきた日本の競馬は、迷うことなく無観客開催に踏み切った。

その結果、無観客の競馬場で皐月賞、日本ダービー、桜花賞、オークスというクラシックレースがいつもの年と同じように行われ、コントレイル、デアリングタクトという無敗の二冠馬が誕生した。アーモンドアイ、フィエールマン、オジュウチョウサンなどはGIレースの勝ち星を上乗せした。

日本においては、連続性という競馬の本質が守られた。

七六歳になる二〇三三年まで元気でいたいというのが願いだ。なぜなら第一〇〇回日本ダービーをこの目で見たいからだ。競馬記者として初めてのダービーはバンブーアトラスが優勝した第四九回だった。競馬はそれ以前も、それ以降も脈々と続いてきた。コロナ禍だからこそ、一三年後もいつものように競馬が続いている世の中であってほしいと思う。

「第5コーナー」を書くのにあたり、もっとも活用したのは競馬情報データ分析ソフトの「TARGET　frontier　JV（ターゲット）」だ。色々な分析や集計が可能だ。『中央競馬レコードブック』（日本中央競馬会）と『中央競馬GIハンドブック』（中央競馬ピーアール・センター）もデータの宝庫だった。『週刊競馬ブック』（ケイバブック）、『優駿』（日本中央競馬会）からもたくさんのヒントをいただいた。血統に関しては日本軽種馬協会のホームページを参考にした。

三賢社の林史郎さんのお力添えがなければ、この本が完成することはなかった。連載でお世話になった松尾圭二さん、伊藤雅之さん（ＪＢＢＡ）、林さんに引き合わせていただいた江面弘也さんには深く感謝を申し上げたい。

二〇二〇年八月

有吉正徳

有吉正徳　ありよし・まさのり

朝日新聞スポーツ部記者。1957年福岡県生まれ。東京農工大学農学部在学中に東京中日スポーツでアルバイトを始め、競馬に出会う。82年に東京中日スポーツで競馬記者になる。91年に『2133日間のオグリキャップ』（共著）を刊行。92年に朝日新聞社入社。2003年4月に金曜日の夕刊スポーツ面で始まったコラム「有吉正徳の競馬ウィークリー」は17年間で700回を超えた。

第5コーナー　競馬トリビア集

2020年9月20日　第1刷発行

著者　有吉正徳

発行者　林 良二
発行所　株式会社 三賢社
〒113-0021　東京都文京区本駒込4-27-2
電話　03-3824-6422
FAX　03-3824-6410
URL　http://www.sankenbook.co.jp

印刷・製本　中央精版印刷株式会社

Printed in Japan
ISBN978-4-908655-17-3 C0075

三賢社の本

昭和の名騎手

江面弘也 著

天才、名人、闘将、鉄人、仕事人……。

加賀武見、増沢末夫、武邦彦、郷原洋行、福永洋一、
岡部幸雄ほか、昭和に輝いた30人の名ジョッキー列伝。

競馬ポケット 1

新書判並製 264P
定価：本体 980 円＋税
ISBN978-4-908655-16-6